T0128065

essentials

essentials liefern aktuelles Wissen in konzentrierter Form. Die Essenz dessen, worauf es als „State-of-the-Art" in der gegenwärtigen Fachdiskussion oder in der Praxis ankommt. *essentials* informieren schnell, unkompliziert und verständlich

- als Einführung in ein aktuelles Thema aus Ihrem Fachgebiet
- als Einstieg in ein für Sie noch unbekanntes Themenfeld
- als Einblick, um zum Thema mitreden zu können

Die Bücher in elektronischer und gedruckter Form bringen das Expertenwissen von Springer-Fachautoren kompakt zur Darstellung. Sie sind besonders für die Nutzung als eBook auf Tablet-PCs, eBook-Readern und Smartphones geeignet. *essentials:* Wissensbausteine aus den Wirtschafts-, Sozial- und Geisteswissenschaften, aus Technik und Naturwissenschaften sowie aus Medizin, Psychologie und Gesundheitsberufen. Von renommierten Autoren aller Springer-Verlagsmarken.

Weitere Bände in der Reihe http://www.springer.com/series/13088

Ralf Kohlhepp

Besteuerung gesetzlicher Krankenkassen

Grundlagen, Besonderheiten und
Tax Compliance

2. Auflage

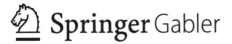
Springer Gabler

Ralf Kohlhepp
KOHLHEPP GmbH
Wirtschaftsprüfungsgesellschaft
Hamburg, Deutschland

ISSN 2197-6708   ISSN 2197-6716   (electronic)
essentials
ISBN 978-3-658-22455-4   ISBN 978-3-658-22456-1   (eBook)
https://doi.org/10.1007/978-3-658-22456-1

Die Deutsche Nationalbibliothek verzeichnet diese Publikation in der Deutschen Nationalbibliografie; detaillierte bibliografische Daten sind im Internet über http://dnb.d-nb.de abrufbar.

Gedruckt auf säurefreiem und chlorfrei gebleichtem Papier

Springer Gabler ist ein Imprint der eingetragenen Gesellschaft Springer Fachmedien Wiesbaden GmbH und ist ein Teil von Springer Nature
Die Anschrift der Gesellschaft ist: Abraham-Lincoln-Str. 46, 65189 Wiesbaden, Germany

Was Sie in diesem *essential* finden können

- Grundlagen der Besteuerung gesetzlicher Krankenkassen
- § 2b UStG und Übergangsfristen
- Umsatzsteuer bei ausländischen Versandhandelsapotheken
- Rückforderung Umsatzsteuer auf Zytostatika
- Beitragsrückerstattungen
- Steuerbefreiungen
- Steuerstrafrecht
- Tax-Compliance-Systeme

Einführung

Die gesetzliche Krankenversicherung als Teil des Deutschen Sozialversicherungssystems und – bedeutsamer noch – als Bestandteil der mittelbaren Staatsverwaltung hatte in der Vergangenheit aufgrund der den Krankenkassen (nicht aber ihren Verbänden) zugewiesenen Rechtsform „Körperschaft des öffentlichen Rechts" traditionell weniger Berührungspunkte mit dem Steuerrecht.

In den letzten Jahren hat sich jedoch ein grundlegender Wandel in mehreren Bereichen gesetzlicher Krankenkassen vollzogen. Gleichzeitig ergaben sich schleichende, zumeist rechtsprechungsbasierte Änderungen im Bereich der Besteuerung – insbesondere der Umsatzbesteuerung – der öffentlichen Hand, die schließlich in der Kodifizierung des neuen § 2b UStG gipfelten. Damit einhergehend sind die Finanzbehörden zwischenzeitlich gehalten, das Vorliegen steuerpflichtiger Teilbereiche auch bei Körperschaften des öffentlichen Rechts zu verfolgen und zu hinterfragen[1].

Insbesondere aber haben sich die rechtlichen Rahmenbedingungen, insbesondere des Umsatzsteuerrechts, durch europarechtliche Einflüsse erheblich verschärft[2]. Damit sind einerseits Bereiche in einen möglicherweise steuerpflichtigen Kontext geraten, die bisher auch vonseiten der Finanzverwaltung als steuerfrei behandelt wurden, andererseits hat sich durch eine generelle Verschärfung des steuerrechtlichen Klimas auch eine Erhöhung der Anforderungen an die steuerrechtliche Compliance gesetzlicher Krankenkassen ergeben. Nicht zuletzt trifft

---

[1]Vgl. hierzu u. a. Verwaltungsanweisung OFD Karlsruhe v. 15.01.2013, S. 7103 a zur Besteu erung von Arzneimittellieferungen ausländischer Apotheken; UR 2013 S. 397.
[2]Z. B. EuGH, Urteil vom 04.06.2009, C-102/08, DStR 2009, S. 1196 sowie die Einführung des neuen § 2b UStG zum 01.01.2016; StÄndG 2015, BGBl. I Nr. 43 2015 S. 1834.

die Krankenkassen die generelle Pflicht zur Compliance auch in steuerlichen Belangen.

Gesetzliche Krankenkassen sind schließlich im Zuge einer zunehmenden Professionalisierung und einer arbeitsteiligeren Ausrichtung der wirtschaftlichen Verhältnisse sowie einer Zunahme des Komplexitätsgrades einzelner Teilbereiche (z. B. der Abrechnungsprüfung oder der Verordnungsprüfung in den verschiedenen Leistungsbereichen) oftmals gezwungen. Tätigkeiten auf Zusammenschlüsse von gesetzlichen Krankenkassen, auf Verbände oder auf sonstige Institutionen des Gesundheitswesens auszulagern. Diese Auslagerung birgt jedoch widerum (insbesondere umsatz-, aber auch ertrag-) steuerliche Risiken, die oftmals übersehen warden und die dann entweder zu langwierigen Streitigkeiten mit der Finanzverwaltung oder zu einer Kostenerhöhung für eingekaufte Leistungen um derzeit 19 % führen.

Der nachfolgende Beitrag, der auf Erfahrungen in der Beratung gesetzlicher Krankenkassen im Rahmen der Wirtschaftsprüfung und Steuerberatung zurückgeht, soll daher die maßgeblichen Rahmenbedingungen für gesetzliche Krankenkassen, Ihre Verbände und sonstigen Zusammenschlüsse explizit aufzeigen und Krankenkassen insbesondere Lösungsmöglichkeiten anbieten, anhand derer ein sinnvolles Tax-Compliance-System errichtet werden kann, um die gesetzlichen Deklarationspflichten zu erfüllen und ggf. auch Haftungsfolgen und Risiken für Vorstand und Verwaltungsrat auszuschließen oder zu minimieren.

Inhaltsverzeichnis

Über den Autor

Dr. Ralf Kohlhepp ist Wirtschaftsprüfer, Fachanwalt für Steuerrecht und Steuerberater. Er ist geschäftsführender Gesellschafter der KOHLHEPP GmbH Wirtschaftsprüfungsgesellschaft, die bundesweit tätig ist und auf die Prüfung von Jahresabschlüssen gesetzlicher Krankenkassen und Institutionen des Gesundheitswesens spezialisiert ist.

Grundlagen der Besteuerung gesetzlicher Krankenkassen 1

1.1 Körperschaftsteuer und Gewerbesteuer

Krankenkassen unterliegen als Körperschaften des öffentlichen Rechts nach § 1 Abs. 1 Nr. 6 Körperschaftsteuergesetz (KStG) lediglich mit ihren Betrieben gewerblicher Art der Körperschaftsteuer. Unterhält einen Krankenkasse keinen Betrieb gewerblicher Art, kommt Körperschaftsteuer und Gewerbesteuer keine Bedeutung zu.

Klarzustellen ist bereits an dieser Stelle, dass damit kein Präjudiz für die Umsatzsteuer vorliegt. Nach dem derzeitigen europarechtlich geprägten Umsatzsteuersystem, das nicht – oder nur in Grenzen – auf das historisch gewachsene deutsche Ertragsteuersystem abgestimmt ist, kann es Vorgänge geben, die zwar kein Betrieb gewerblicher Art (und damit nicht körperschaft- und gewerbesteuerpflichtig) aber durchaus umsatzsteuerlich relevant sein können. Umgekehrt kann ein Vorgang z. B. umsatzsteuerlich nicht beachtlich (etwa weil eine Steuerbefreiung eingreift) aber gleichwohl körperschaftsteuerlich als Betrieb gewerblicher Art einzustufen sein.

Liegt ein Betrieb gewerblicher Art vor, so ist Steuerpflichtiger im Rechtssinne nicht der Betrieb gewerblicher Art selbst, sondern die dahinter stehende juristische Person des öffentlichen Rechts, also die Krankenkasse.[1] Somit beziehen sich alle steuerlichen Deklarationspflichten, ebenso wie steuerliche Nebenpflichten, auf die gesetzliche Krankenkasse als solche.

---

[1]Vgl. BFH Urteil vom 04.09.2002, I R 42/01, BFH/NV 2003, 511; Vgl. Mai in Frotscher/ Maas, KStG, § 4 KStG, Rz. 12.

© Springer Fachmedien Wiesbaden GmbH, ein Teil von Springer Nature 2018
R. Kohlhepp, *Besteuerung gesetzlicher Krankenkassen*, essentials,
https://doi.org/10.1007/978-3-658-22456-1_1

Das ist insbesondere im Hinblick auf die persönlichen Verantwortlichkeiten innerhalb der Krankenkasse und die damit verbundenen haftungsrechtlichen und ggf. straf- und ordnungswidrigkeitenrechtlichen Fragestellungen von Bedeutung. Die steuerlichen Verantwortlichkeiten, richten sich nach den Verhältnissen der gesetzlichen Krankenkasse selbst und treffen damit direkt den Vorstand gesetzlicher Krankenkassen in seiner Gesamtheit. Es ist daher nicht zulässig, dass etwa der Leiter eines wirtschaftlichen Geschäftsbetriebes, z. B. eines Kantinenbetriebes, die steuerlichen Pflichten der Krankenkasse erfüllt. Treten hier Fehler auf, treffen die nachteiligen Folgen unmittelbar den Vorstand als verantwortliches Organ, soweit nicht – worauf später einzugehen ist – ein wirksames Tax-Compliance-System implementiert ist.

1.1.1 Betrieb gewerblicher Art

Was unter einem Betrieb gewerblicher Art einer juristischen Person des öffentlichen Rechts zu verstehen ist, wird in § 4 Abs. 1 KStG näher definiert. Hier heißt es:

> Betriebe gewerblicher Art von juristischen Personen des öffentlichen Rechts im Sinne des § 1 Abs. 1 Nr. 6 sind, vorbehaltlich des Absatzes 5, alle Einrichtungen, die einer nachhaltigen wirtschaftlichen Tätigkeitserzielung von Einnahmen außerhalb der Land- und Forstwirtschaft dienen und die sich innerhalb der Gesamtbetätigung der juristischen Person wirtschaftlich herausheben. Die Absicht, Gewinn zu erzielen und die Beteiligung am allgemeinen wirtschaftlichen Verkehr sind nicht erforderlich.

Nach § 4 Abs. 5 KStG werden vom Steuergesetzgeber explizit Hoheitsbetriebe von der Subsumtion unter den Begriff des Betriebs gewerblicher Art ausgenommen.

Daher sind die verschiedenen Tätigkeiten einer Krankenkasse grundsätzlich individuell zu beurteilen. Unter die hoheitliche Tätigkeit einer gesetzlichen Krankenkasse fällt unzweifelhaft die Erbringung der originären Versicherungsleistungen gegenüber den gesetzlich Versicherten, den Familienangehörigen und den freiwillig gesetzlich versicherten Personen.

Einer besonderen Betrachtung bedürfen Betätigungen, soweit sie nicht zwingend zu den (eigenen) gesetzlichen Aufgaben der Krankenkasse gehören. So wären kritische Abgrenzungsfälle etwa:

- die Vermittlung von Zusatzversicherungen,
- die entgeltliche Abgabe von Sehhilfen,
- der Betrieb von Rechenzentren, ggf. auch für andere Träger der Sozialversicherung,

- die Personalleihe oder sonstige Unterstützung Dritter, wobei körperschaftsteuer-lich auch die Unterstützung anderer gesetzlicher Krankenkassen hier relevant sein kann.
- die Zusammenarbeit mit Software-Entwicklern,
- die Abgabe von Heil- und Hilfsmitteln aus dem eigenen Bestand oder ggf. einem gemeinsam mit anderen Kassen genutzten Pool oder auch
- die Vermietung von Räumlichkeiten.

Lässt sich eine Tätigkeit nicht klar dem hoheitlichen oder dem wirtschaftlichen Bereich zuordnen, ist gemäß R 4.1 Abs. 3 der Körperschaftsteuerrichtlinien 2015 (KStR) auf die überwiegende Zweckbestimmung der Tätigkeit abzustellen.

Tätigkeiten die im Rahmen der Ausübung hoheitlicher Befugnisse üblicher-weise anfallen, wie beispielsweise verwaltende Aufgaben oder die Unterhaltung einer technischen oder wissenschaftlichen Abteilung, genügen nicht der Defini-tion eines Betriebs gewerblicher Art.

Wesentliche Bestandteile der Definition des Betriebs gewerblicher Art sind eine

- nachhaltige wirtschaftliche Tätigkeit (1)
- zur Erzielung von Einnahmen (2),
- die sich innerhalb der Gesamtbetätigung der gesetzlichen Krankenkasse wirt-schaftlich heraushebt (3) und
- im Rahmen einer Einrichtung vorgenommen wird (4).

Das Vorliegen eines Betriebs gewerblicher Art setzt dabei die Erfüllung aller genannten Tatbestandsmerkmale kumulativ voraus. Die einzelnen Tatbestands-merkmale werden im Folgenden näher erläutert und einzeln dargelegt.

1) Nachhaltigkeit:
   Eine Tätigkeit wird nachhaltig ausgeübt, wenn sie auf Dauer zur Erzielung von Entgelten angelegt ist.[2] Dabei ist immer vom Gesamtbild der Verhältnisse im Einzelfall auszugehen, ein bloßer Einmalumsatz erfüllt in der Regel nicht die Anforderung an die Nachhaltigkeit.[3] Für die Nachhaltigkeit einer Tätigkeit spricht nach Ansicht des Bundesfinanzhofs (BFH), ein planmäßiges Handeln im Rahmen einer mehrjährigen, auf Wiederholungen angelegten Tätigkeit zur

---

[2]Vgl. UStAE 2.3 Abs. 5 sowie BFH Urteil vom 30.07.1986, V R 41/76, BStBl. II S. 874.
[3]Vgl. Radeisen, in Schwarz/Widmann/Radeisen, UStG, § 2 UStG Rz. 79.

Ausführung mehr als nur eines Umsatzes.[4] Die Verwaltung benennt insbesondere die nachfolgenden Kriterien, die für eine Nachhaltigkeit sprechen sollen[5]:

- mehrjährige Tätigkeit;
- planmäßiges Handeln;
- auf Wiederholung angelegte Tätigkeit;
- die Ausführung mehr als nur eines Umsatzes;
- Vornahme mehrerer gleichartiger Handlungen unter Ausnutzung derselben Gelegenheit oder desselben dauernden Verhältnisses;
- langfristige Duldung eines Eingriffs in den eigenen Rechtskreis;
- Intensität des Tätigwerdens;
- Beteiligung am Markt;
- Auftreten wie ein Händler;
- Unterhalten eines Geschäftslokals;
- Auftreten nach außen, z. B. gegenüber Behörden.

2) Da grundsätzlich nur die Einrichtungen von juristischen Personen des öffentlichen Rechts der Körperschaftsteuer unterworfen werden sollen, die dem Bild eines Gewerbebetriebs entsprechen, muss die nachhaltige Tätigkeit darüber hinaus auf die Erzielung von Einnahmen ausgerichtet sein. Eine Gewinnerzielungsabsicht ist hingegen nicht erforderlich.[6] Diese gesetzliche Vorgabe führt auch zu einer Erfassung als Betrieb gewerblicher Art bei nicht wirtschaftlichen, defizitären Einrichtungen sowie bei einer Leistungserbringung zu Selbstkosten, sofern für die erbrachten Leistungen die Kriterien der Nachhaltigkeit und der Einnahmeerzielung erfüllt sind. Eine Tätigkeit zur Erzielung von Einnahmen liegt dann vor, wenn diese im Rahmen eines Leistungsaustausches ausgeübt wird[7], Merkmal hierfür ist die Erbringung von Leistungen gegen Entgelt. In diesem Sinne liegt eine Gegenleistung vor, wenn ihre Höhe vom Umfang der Inanspruchnahme abhängt.[8]

---

[4]Vgl. BFH Urteil vom 18.07.1991, V R 86/87, BStBl. II 1991 S. 776.

[5]Vgl. BFH Urteil vom 16.12.1971, V R 41/68, BStBl II 1972, S. 238.

[6]Vgl. UStAE 2.3 Abs. 8 S. 2.

[7]Vgl. UStAE 2.3 Abs. 8 S. 3.

[8]Vgl. Frotscher, in Frotscher/Maas, KStG, § 8 KStG Rz. 570.

3) Ein Betrieb gewerblicher Art ist anzunehmen, wenn es sich bei der geschäfts-
üblichen Betätigung der Einrichtung um eine Tätigkeit von einigem
wirtschaftlichen Gewicht handelt. Wichtiger Anhaltspunkt hierfür ist ein nach
umsatzsteuerrechtlichen Gesichtspunkten erwirtschafteter Jahresumsatz von
mehr als EUR 35.000.[9]
In der Regel kann davon ausgegangen werden, dass sich die Tätigkeit
bei einem Jahresumsatz ab dieser Höhe innerhalb der Gesamtbetätigung der
juristischen Person des öffentlichen Rechts wirtschaftlich heraushebt. Für
das Gewicht der ausgeübten Tätigkeit kommt es weder auf das Verhältnis
der Einnahmen aus der wirtschaftlichen Tätigkeit zum Gesamthaushalt der
juristischen Person des öffentlichen Rechts, noch auf das Verhältnis zu einem
bestimmten Teil des Gesamthaushalts an[10].

Angesichts der regelmäßig hohen Liquidität und der gesetzlich vorgeschriebenen Rücklagen und Betriebsmittel und der erheblichen Beträge,
die Krankenkassen vom Gesundheitsfonds im Rahmen ihrer Zuweisungen
erhalten, ist das nicht selbstverständlich.

Wird ein nachhaltiger Jahresumsatz von über EUR 35.000 im Einzelfall nicht
erreicht, ist ein Betrieb gewerblicher Art nur anzunehmen, sofern besondere
Gründe vorliegen. Steht eine Körperschaft des öffentlichen Rechts mit ihrer
wirtschaftlichen Tätigkeit zu anderen Unternehmen in unmittelbarem Wettbewerb, kommt es insofern nicht mehr auf den genannten Jahresumsatz an.[11]

Bereits an dieser Stelle sei darauf hingewiesen, dass die Umsatzgrenzen
für die umsatzsteuerliche Beurteilung nach der Rechtsprechung nicht relevant
sind, von der Finanzverwaltung aber noch bis Ende 2020 berücksichtigt werden. Für die Prozesse gesetzlicher Krankenkassen ist aber von Bedeutung,
dass auch Umsätze unter EUR 35.000 aufgezeichnet werden, da sich für diese
ab 1.1.2021 das umsatzsteuerliche Besteuerungsregime ändert.

4) § 4 Abs. 1 KStG stellt darauf ab, dass die genannten Kriterien von einer „Einrichtung" erfüllt werden. Ob eine Eirichtung in diesem Sinne vorliegt, kann
anhand quantitativer und qualitativer Merkmale beurteilt werden. So ist in
quantitativer Hinsicht neben dem nachhaltigen Umsatz von EUR 35.000 (als
Kriterium für eine wirtschaftlich heraushebende Tätigkeit) bei einer jährlichen
Umsatzhöhe von EUR 130.000 zwingend von einer „Einrichtung" auszugehen.

---

[9]Vgl. R 4.1 Abs. 5 S. 1 KStR.
[10]Vgl. R 4.1 Abs. 5 S. 3 KStR.
[11]Vgl. R 4.1 Abs. 5 S. 5 KStR.

Liegt der Umsatz darunter, so kann sich eine „Einrichtung" auch in qualitativer Hinsicht aus einer besonderen Leitung, aus einem geschlossenen Geschäftskreis, aus der Buchführung oder einem ähnlichen, auf eine Einheit hindeutendem Merkmal ergeben. Nach R 4.1 Abs. 2 KStR setzt der Begriff Einrichtung nicht voraus, dass die Tätigkeit im Rahmen einer im Verhältnis zur sonstigen Betätigung verselbstständigten Abteilung ausgeübt wird; sie kann auch innerhalb des allgemeinen Betriebs miterledigt werden.

1.1.2 Einkommensermittlung

Sind die genannten Kriterien erfüllt, unterliegt die Krankenkasse mit Ihrem Betrieb gewerblicher Art der Körperschaftsteuer. Grundsätzlich erfolgt dabei die Einkommensermittlung nach körperschaftsteuerlichen Regelungen.[12]

Unterhält eine Krankenkasse mehrere Betriebe gewerblicher Art, ist bei jedem der Betriebe eine gesonderte Einkommensermittlung vorzunehmen. Dies schließt regelmäßig den unter Umständen vorteilhaften Verlustausgleich, also die Verrechnung von Gewinnen eines Betriebes mit den Verlusten eines anderen, zwischen den einzelnen Betrieben aus.[13] § 4 Abs. 6 KStG ermöglicht jedoch die Zusammenfassung mehrerer Betriebe gewerblicher Art unter der Voraussetzung, dass diese gleichartig sind oder zwischen ihnen nach dem Gesamtbild der tatsächlichen Verhältnisse objektiv eine enge wechselseitige technisch-wirtschaftliche Verflechtung von einigem Gewicht besteht. Die Bedingung der Gleichartigkeit ist erfüllt, wenn gewerbliche Betätigungen im gleichen Gewerbezweig ausgeübt werden oder wenn sie sich zwar unterscheiden, aber einander ergänzen.[14] Dies könnte beispielsweise bei Vermietungsleistungen und der Erbringung von Leistungen im Rahmen der Instandhaltung und Wartung der Fall sein.

Technisch erfolgt die Gewinnermittlung durch eine eigenständige buchhalterische Erfassung der Einnahme und Ausgaben und ggf. der Wirtschaftsgüter des wirtschaftlichen Geschäftsbetriebes. Der Kontenrahmen der Träger der

---

[12]Siehe hierzu insbesondere R 8.5 KStR.

[13]Vgl. Mai, in Frotscher/Maas, KStG, § 4 KStG, Rz. 26.

[14]Vgl. Mai, in Frotscher/Maas, KStG, § 4 KStG Rz. 27; Vgl. Vgl. BFH v. 11.02.1997, I R 161/94, BFH/NV 1997, 625.

Sozialversicherung erlaubt einerseits für „Eigenbetriebe" eine Erfassung des Verwaltungsvermögens in der Jahresrechnung des Sozialversicherungsträgers selbst, schreibt aber daneben eine eigene Jahresrechnung für Eigenbetriebe vor. Wirtschaftliche Geschäftsbetriebe sind nicht zwingend auch Eigenbetriebe. Eigenbetriebe müssen nicht (in vollem Umfang) auch wirtschaftliche Geschäftsbetriebe sein, wobei dieser Schluss näher liegt. Eigenbetriebe liegen nur vor, wenn die Krankenkasse ihrem wirtschaftlichen Geschäftsbetrieb eine eigene Organisationshoheit und eine eigene Verfassung nach dem Binnenrecht des Sozialversicherungsträgers gibt. Tut sie das nicht, kann gleichwohl ein wirtschaftlicher Geschäftsbetrieb im Sinne des Steuerrechts vorliegen. Zur Gewinnermittlung ist es dann sinnvoll, innerhalb des Kontenrahmens der Krankenkasse eine bestimmte Unterkontonummernfolge für den Eigenbetrieb vorzusehen, um eine klare Zuordnung der Aufwendungen und Erträge zu ermöglichen.

1.1.3 Gewerbesteuer

Körperschaften des öffentlichen Rechts unterliegen mit ihren Betrieben gewerblicher Art auch der Gewerbesteuer. Diese müssen gem. § 2 Abs. 1 Gewerbesteuerdurchführungsverordnung (GewStDV) die Voraussetzungen eines stehenden Gewerbebetriebes erfüllen. Die Ermittlung der Bemessungsgrundlage ergibt sich aus den §§ 5 ff. Gewerbesteuergesetz (GewStG). Grundlage ist der nach den Vorschriften des KStG zu ermittelnde Gewinn.

Zu beachten ist, dass die Gewerbesteuer aufgrund des durch die hebeberechtigte Gemeinde festzusetzenden Hebesatzes stark variiert.

1.2 Umsatzsteuer

Die Umsatzsteuer – regelmäßig auch Mehrwertsteuer – ist grundsätzlich so aufgebaut, dass nicht Unternehmer, sondern Endverbraucher durch sie wirtschaftlich belastet werden. Da nicht a-priori feststellbar ist, wann ein Umsatz gegenüber einem Endverbraucher realisiert wird, ist jeder Umsatz mit der Steuer zu belegen. Gleichzeitig kann sich ein Unternehmer die von ihm auf Eingangsrechnungen gezahlte Umsatzsteuer als sogenannte „Vorsteuer" erstatten lassen.

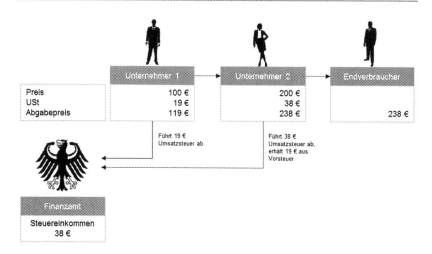

Krankenkassen können im Rahmen ihrer unternehmerischen Tätigkeit einerseits steuerpflichtig (als Unternehmer) sein, sie sind aber aufgrund ihrer hoheitlichen Tätigkeit im Regelfall wirtschaftlich mit Umsatzsteuer belastete Endverbraucher. Die Rahmenbedingungen der Umsatzbesteuerung von Körperschaften des öffentlichen Rechts haben sich zum 1. Januar 2016 erheblich verändert. Aufgrund der geltenden Übergangsvorschriften bis zum 31.12.2020 ist es unerlässlich, auch die bis zum 1. Januar 2016 geltende Rechtslage darzustellen.

1.2.1　Rechtslage bis zum 31.12.2016 sowie gegebenenfalls mit Option bis 31.12.2020

Nach § 1 des Umsatzsteuergesetzes (UStG) unterliegen die Lieferungen und sonstigen Leistungen, die ein Unternehmer im Inland gegen Entgelt im Rahmen des Unternehmens ausführt, der Umsatzsteuer. Maßgebliches Tatbestandsmerkmal der Umsatzsteuer ist damit der sogenannte Unternehmerbegriff. Der Begriff Unternehmer wird in § 2 UStG erläutert. Bis zum 31.12.2016 ist § 2 Abs. 3 UStG für die Besteuerung gesetzlicher Krankenkassen maßgeblich.

Danach galt der Grundsatz: Umsatzsteuerpflichtig war die gesetzliche Krankenkasse nur in diesen Sonderfällen, im Regelfall aber nicht. Die Regelung des § 2 Abs. 3 UStG sah damit einen Rückbezug auf das Körperschaftsteuerrecht vor. Danach galt als Unternehmer im Sinne des Umsatzsteuerrechtes nur die Einheit, die auch im Rahmen des Körperschaftsteuerrechts als Betrieb gewerblicher

Art definiert wurde. Dieser Rückgriff war systematisch insoweit problematisch, als das Umsatzsteuerrecht auf europarechtliche Vorgaben, insbesondere auf die Mehrwertsteuersystemrichtlinie zurückgeht.[15] Die Mehrwertsteuersystemrichtlinie folgt jedoch, insbesondere was Leistungen von Körperschaften des öffentlichen Rechts angeht, nicht der Systematik des deutschen Rechts, sondern bestimmt eigenständig auf europarechtlicher Ebene die Tatbestandsmerkmale und Besteuerungsgrundlagen. Damit war der Rückgriff auf das deutsche Körperschaftsteuerrecht, insbesondere aber auf die dortigen Umsatzgrenzen, von jeher angreifbar. Gerade die Rückgriffe auf die Fragestellung, wann ein besonderes Hervorheben des wirtschaftlichen Geschäftsbetriebes aus der allgemeinen Tätigkeit des öffentlichen Rechts anzunehmen sei, wurde schon von den deutschen Gerichten nicht mehr unter Rückgriff auf das Körperschaftsteuerrecht bzw. die hierzu ergangenen Verwaltungsanweisungen gelöst, sondern eigenständig auf umsatzsteuerrechtlicher Ebene.[16]

Damit ergab sich insoweit schon ein Auseinanderfallen zwischen Umsatzsteuer und Körperschaftsteuer, als der Begriff des Betriebs gewerblicher Art umsatzsteuerrechtlich weiter ging, als der Begriff auf Ebene der Körperschaftsteuer. Es konnte mithin ein Betrieb gewerblicher Art im umsatzsteuerrechtlichen Sinne existieren, der folglich eine Umsatzsteuerpflicht der Krankenkasse auslöste, wohingegen eine Körperschaft- und Gewerbesteuerpflicht insoweit noch nicht bestand.

Beispiel: Eine Krankenkasse überlässt Personal an einen Softwareentwickler. Der Umsatz mit der Personalüberlassung beträgt EUR 10.000 im Jahr.

In diesem Fall liegt wegen eines Unterschreitens der Umsatzgrenzen noch kein Betrieb gewerblicher Art im Sinne des KStG, wohl aber ein umsatzsteuerpflichtiger Vorgang vor, sodass die Krankenkasse zur Abführung von Umsatzsteuer verpflichtet war, soweit sie nicht die Kleinunternehmerregelung in Anspruch nehmen konnte (Umsatzgrenze regelmäßig EUR 17.500 mit allen unternehmerischen Umsätzen).

Körperschaftsteuer und Umsatzsteuer fallen nach der Rechtsprechung der Finanzgerichte und des BFH aber auch noch für andere Fallgestaltungen auseinander. § 4 KStG nimmt aus dem Begriff „wirtschaftlicher Geschäftsbetrieb" ausdrücklich den Hoheitsbetrieb aus. Für das Körperschaftsteuerrecht hatte die Finanzverwaltung insbesondere folgende Sonderfälle als Bestandteile des

---

[15]Vgl. hierzu auch BMF v. 11.01.2007, IV A 2 – S 7056 – 6/07.

[16]Vgl. BFH Urteil vom 17.03.2010, XI R 17/08, DStR2010, 2234.

Hoheitsbetriebs aus der Besteuerung ausgeklammert, während der BFH aufgrund der europarechtlichen Implikationen eine Anwendung dieser Grundsätze für die Umsatzsteuer abgelehnt hat:

- Vermögensverwaltung[17]
- Beistandsleistungen der öffentlichen Hand[18]

Für den Bereich der Vermögensverwaltung hat dies insbesondere Bedeutung für die Vermietung von Grundstücken. Während diese Vermietungstätigkeit körperschaftsteuerlich dem hoheitlichen und damit nicht steuerbaren Bereich zugeordnet wird, gitl umsatzsteuerlich nach der Rechtsprechung, dass Vermietungstätigkeit wirtschaftliche Tätigkeit und damit steuerbar ist. Für die Vermietung von Räumen gilt, dass diese Tätigkeit grundsätzlich steuerbefreit ist (siehe unten) für andere Sachverhalte, z. B. die Vermietung von Stellplätzen, fällt die steuerliche Behandlung für Zwecke der Umsatzsteuer und der Körperschaftsteuer auseinander.

Noch größere Bedeutung hat die grundsätzlich als hoheitlich eingestufte „Beistandsleistung". Hier handelt es sich um Leistungen zwischen Körperschaften des öffentlichen Rechts, die erbracht werden, um die hoheitliche Leistung der anderen Körperschaft zu unterstützen. Die Finanzverwaltung hat die Eingruppierung dieser Sachverhalte in den hoheitlichen Bereich zwischenzeitlich engere Voraussetzungen formuliert, ohne dies durch BMF-Schreiben oder sonstige Verlautbarungen zu veröffentlichen. Das wesentliche Kriterium hierbei ist, dass die Leistung nur gegen Kostenerstattung erfolgt. Der BFH hat für die Umsatzsteuer klargestellt, dass Beistandsleistungen dem steuerbaren Bereich der Körperschaft zuzuordnen sind. Eine Steuerbefreiung kommt hier regelmäßig nur bei Leistungen zwischen Sozialversicherungsträgern in Betracht.

Zu beachten ist, dass diese dargestellte Rechtslage (Auseinanderfallen von Körperschaftsteuer und Umsatzsteuer) von der Finanzverwaltung nicht konsequent umgesetzt wird. Die Krankenkassen können sich gegenüber der Finanzverwaltung weiterhin auf die Umsatzgrenzen (EUR 35.000 bzw. EUR 130.000) berufen. Kommt es jedoch zu einem Rechtsstreit, wird ein Finanzgericht im oben genannten Sinne entscheiden und die Umsatzgrenzen der Körperschaftsteuerrichtlinen (KStR) für Zwecke der Umsatzbesteuerung nicht

---

[17]BFH Urteil vom 15.04.2010 – V R 10/09, BStBl II 2017, 863.
[18]BFH Urteil vom 10.11.2011 – V R 41/10, BStBl II 2017, 869.

anwenden, soweit die Krankenkasse eine Optionserklärung nach § 27 Abs. 22 UStG abgegeben hat. Für den Fall, dass keine Optionserklärung abgegeben wurde bzw. nach Widerruf der Optionserklärung oder nach Ablauf des 31. Dezember 2020 sind die Umsatzgrenzen umsatzsteuerlich irrelevant. Zusammenfassend gilt damit für die Rechtslage bis zum 31.12.2016 bzw. mit Option bis zum 31.12.2020:

- Die Krankenkasse ist nur steuerpflichtig, wenn Sie auf privatrechtlicher Grundlage tätig wird. Hoheitliche Tätigkeiten sind von der Steuerpflicht ausgenommen. Darüber hinaus kommt eine Steuerpflicht nur in Betracht, wenn die zusätzlichen Kriterien eines Betriebes gewerblicher Art erfüllt sind.
- Zum hoheitlichen Bereich zählt nach Auffassung der Finanzverwaltung – nicht uneingeschränkt jedoch nach der Auslegung durch die Gerichte – auch die Vermögensverwaltung und die öffentlich-rechtliche Beistandsleistung
- Auch im privatrechtlichen Bereich ist die Krankenkasse nach Auffassung der Finanzverwaltung nur steuerpflichtig, wenn die Umsatzgrenzen eines Betriebes gewerblicher Art (EUR 35.000/Jahr) überschritten sind.
- Soweit eine Steuerbefreiung greift, insbesondere für Leistungen zwischen Sozialversicherungsträgern, sind Leistungen zwar ggf. steuerbar aber nicht steuerpflichtig.

1.2.2 Regelung ab 1. Januar 2017 bzw. nach Verstreichen der Übergangsfrist

(1) Optionsregelung

Durch das Steueränderungsgesetz 2015 wurde § 2 Abs. 3 UStG alter Fassung gestrichen und § 2b UStG eingeführt.[19] Hinsichtlich der zeitlichen Anwendung der Neuregelung trifft § 27 Abs. 22 UStG eine entsprechende Regelung. Nach dieser Vorschrift tritt der § 2b UStG zum 1. Januar 2016 in Kraft. Allerdings ist eine Übergangsregelung vorgesehen, wonach für sämtliche vor dem 1. Januar 2017 ausgeführten Leistungen die bisherige Rechtslage anzuwenden ist. Zusätzlich wird den Körperschaften des öffentlichen Rechts eine Option eingeräumt. Die Körperschaft kann hiernach dem Finanzamt gegenüber einmalig erklären, dass sie § 2 Abs. 3 UStG in der am 31. Dezember 2015 geltenden Fassung für

---

[19]Vgl. StÄndG 2015, BGBl. I Nr. 43 2015 S. 1834.

sämtliche nach dem 31. Dezember 2016 und vor dem 1. Januar 2021 ausgeführte Leistungen weiterhin anwenden möchte. Eine Beschränkung der Erklärung auf einzelne Tätigkeitsbereiche oder Leistungen ist nicht zulässig. Die Erklärung ist bis zum 31. Dezember 2016 abzugeben. Sie kann mit Wirkung zum Beginn eines auf die Abgabe folgenden Kalenderjahres widerrufen werden.

(2) Grundsatz der Besteuerung

Grundsätzlich gelten nach § 2b Abs. 1 UStG juristische Personen des öffentlichen Rechts weiterhin nicht als Unternehmer, soweit sie Tätigkeiten ausüben, die dem Rahmen der öffentlichen Gewalt obliegen, auch wenn sie im Zusammenhang mit diesen Tätigkeiten Abgaben, z. B. Beiträge erheben. Für alle anderen Tätigkeiten, insbesondere alle auf privatrechtlicher Ebene durchgeführt Transaktionen gilt, dass diese der Umsatzsteuer vollumfänglich unterworfen sind und zwar unabhängig von den Kriterien des Betriebes gewerblicher Art.

Die bisherige Bezugnahme auf den Betrieb gewerblicher Art entfällt vollständig. Damit hat sich das Umsatzsteuergesetz ab dem 01.01.2017 von der Körperschaftsteuer gelöst und bestimmt den umsatzsteuerrechtlichen Unternehmer insoweit selbstständig und vorwiegend auf Basis der Möglichkeit einer Wettbewerbsverzerrung, die das Umsatzsteuerrecht vermeiden soll.

Die gesetzliche Einschränkung der Unternehmerdefinition für hoheitliche Tätigkeiten gilt jedoch auch dann nicht, wenn eine Behandlung als Nichtunternehmer zu größeren Wettbewerbsverzerrungen führen würde. Im hoheitlichen Bereich ist eine Körperschaft des öffentlichen Rechts jedoch regelmäßig nach wie vor nicht als Unternehmer anzusehen. Entscheidend ist damit künftig zunächst die Frage, ob eine Körperschaft des öffentlichen Rechts in der Ausübung öffentlicher Gewalt tätig wird, oder nicht. Ist das nicht der Fall, ist das Umsatzsteuerrecht genau so anzuwenden, wie für privatrechtlich organisierte Unternehmer.

Keine Ausnahmen der Besteuerung, d. h. keine Zuordnung der Tätigkeiten zum hoheitlichen Bereich, liegen künftig für die Tätigkeiten im Rahmen der Vermögensverwaltung und der Beistandsleistungen vor, soweit diese jeweils auf privatrechtlicher Grundlage erbracht werden.

Einzig für sogenannte Hilfsgeschäfte der Verwaltung hat das Bundesministerium der Finanzen (BMF) Ausnahmen von der Besteuerung auch dann zugelassen, wenn die öffentliche Hand auf privatrechtlicher Grundlage tätig wird.[20] Dazu gehören z. B.:

---

[20]BMF v. 16.12.2016, BStBl. I 2016, 1451, Tz. 19 f.

- Veräußerung von Gegenständen, die die Krankenkasse für Ihren Hoheitsbetrieb eingesetzt hat,
- Überlassung des Telefons an Beschäftigte der Krankenkasse zur privaten Nutzung,
- Überlassung von Kraftfahrzeugen an Beschäftigte zur privaten Nutzung.

Es kann davon ausgegangen werden, dass die Finanzverwaltung die Überlassung von Gegenständen oder Einrichtungen zur Nutzung durch Arbeitnehmer nicht der Besteuerung unterwirft, unabhängig Davon, ob die Überlassung unentgeltlich oder entgeltlich erfolgt. Dem Wortlaut nach unklar ist, ob auch die Veräußerung von Gegenständen, die die Krankenkasse zwar für den Hoheitsbetrieb angeschafft, nicht jedoch genutzt hat, als Hilfsgeschäft anzusehen ist. ME spricht die überwiegende Wahrscheinlichkeit für eine solche (nicht steuerbare) Handhabung.

(3) Hoheitliche Tätigkeit

Die Tätigkeit im hoheitlichen Bereich ist nur steuerbar, wenn weitere Kriterien erfüllt sind. Insofern ist zunächst zu Prüfen, ob die Krankenkasse hoheitlich tätig wird.

Nach der Rechtsprechung des BFH wird öffentliche Gewalt immer dann ausgeübt, wenn die Tätigkeit im Rahmen einer öffentlich-rechtlichen Sonderregelung erfolgt und nicht unter gleichen wirtschaftlichen Bedingungen, wie die Tätigkeit privater Wirtschaftsteilnehmer. Das ist unzweifelhaft der Fall, wenn und soweit die entsprechende Tätigkeit ausgeübt wird durch Erlass eines Verwaltungsakts oder aufgrund eines öffentlich-rechtlichen Vertrages oder einer Satzung.

Allerdings gilt für Körperschaften des öffentlichen Rechts die Fiktion der Zulässigkeit der gewählten Handlungsform.[21] Schließt also eine Krankenkasse einen öffentlich-rechtlichen Vertrag nach § 53 SGB X, so ist grundsätzlich anzunehmen, dass die Krankenkasse hier hoheitlich tätig wird. In der Praxis empfiehlt es sich daher, Verträge zunächst als hoheitliche Verträge zu konzipieren.

Auch schlicht-hoheitliches Handeln ist hoheitlich. Es wird daher für viele Bereiche, z. B. die Verordnungsprüfung doer die Abrechnungsprüfung, darauf ankommen, ob diese Tätigkeiten als hoheitlich, ggf. als schlicht hoheitlich zu bezeichnen sind, oder ob es sich um rein privatrechtliche Tätigkeiten handelt.

---

[21]BMF v. 16.12.2016, BStBl. I 2016, 1451, Tz. 17.

(4) Größere Wettbewerbsverzerrungen

Tätigkeiten, die der Krankenkasse im Rahmen der Ausübung der öffentlichen Gewalt obliegen und auch im Rahmen einer zulässigen Handlungsform hoheitlich ausgeübt werden, sind aber dann als steuerbar zu behandeln, wenn größere Wettbewerbsverzerrungen vorliegen. Ob größere Wettbewerbsverzerrungen vorliegen oder nicht, wird von § 2b Abs. 2 und 3 UStG näher spezifiziert. Im nicht hoheitlichen Bereich gilt dagegen die Unternehmerdefinition, die auch für alle privaten Akteure gilt. D. h. im nicht hoheitlichen Bereich sind gesetzliche Krankenkassen steuerpflichtige Unternehmer, wenn sie eine selbstständige Tätigkeit nachhaltig mit Einnahmeerzielungsabsicht ausüben; sie sind mit ihren Umsätzen steuerbar, wenn Sie insoweit Lieferungen oder sonstige Leistungen gegen Entgelt im Inland ausführen. Daher ist nach wie vor die grundsätzliche Unterscheidung erheblich, ob eine Krankenkasse hoheitlich oder privatrechtlich tätig wird. Nur im erstgenannten Bereich kommt es nunmehr auf die Frage der Wettbewerbsrelevanz des Handelns an.

Beispiel: Eine gesetzliche Krankenkasse schließt mit einem Krankenkassenverband einen Vertrag über die Wahrnehmung von bestimmten Aufgaben. Auf einer ersten Stufe ist zu entscheiden, ob es sich hier um einen privatrechtlichenoder um einen öffentlich-rechtlichen Vertrag im hoheitlichen Bereich handelt. Nur für letzteren gelten überhaupt die nachfolgend darzustellenden Fragestellungen der Auswirkungen auf den Wettbewerb.

Zunächst ist daher festzustellen, ob überhaupt Wettbewerb vorliegt. Verzerrungen des Wettbewerbs können nur stattfinden, wenn Wettbewerb besteht. Dies setzt voraus, dass die von einer jPöR auf öffentlich-rechtlicher Grundlage erbrachte Leistung gleicher Art auch von einem privaten Unternehmer erbracht werden könnte. Die Tätigkeit der jPöR muss also marktrelevant sein.[22]

Die Wettbewerbsrelevanz ist zunächst in Bezug auf die ausgeübte Tätigkeit als solche zu beurteilen und zwar unabhängig davon, ob tatsächlich Wettbewerb besteht. Es kommt also darauf an, ob Wettbewerb überhaupt denkbar ist. Ob eine Marktrelevanz besteht, ist damit nach den Ausführungen der Finanzverwaltung in erster Linie anhand der Art der erbrachten Leistung festzustellen.

Zwei Leistungen sind gleichartig und stehen deshalb in einem Wettbewerbsverhältnis, wenn sie aus der Sicht des Durchschnittsverbrauchers dieselben Bedürfnisse befriedigen. Dabei kommt es vorrangig darauf an, ob die Leistungen ähnliche

---

[22]BMF v. 06.12.2016, BStBl. I 2016, 1451, Tz. 23.

Eigenschaften haben, wobei künstliche, auf unbedeutenden Unterschieden beruhende Unterscheidungen vermieden werden müssen. Wegen des primären Abstellens auf die Art der Leistung ist nicht nur der gegenwärtige, sondern auch der potenzielle Wettbewerb schädlich. Allerdings muss die Möglichkeit für einen privaten Wirtschaftsteilnehmer, in den relevanten Markt einzutreten, real und nicht nur rein hypothetisch sein. Die rein theoretische, durch keine Tatsache, kein objektives Indiz und keine Marktanalyse untermauerte Möglichkeit für einen privaten Wirtschaftsteilnehmer, in den relevanten Markt einzutreten, kann damit nicht mit dem Vorliegen eines potenziellen Wettbewerbs gleichgesetzt werden.[23]

Das BMF führt an, dass es auf Unterschiede in den rechtlichen Rahmenbedingungen der Leistungen grundsätzlich nicht ankomme[24]. Für die Beurteilung der Vergleichbarkeit von Leistungen sei der rechtliche Kontext, in dem sie erbracht werden, nur beachtlich, sofern die unterschiedlichen rechtlichen Anforderungen maßgeblichen Einfluss auf die Entscheidung des Leistungsempfängers haben, die Leistung in Anspruch zu nehmen. Diese Auffassung dürfte durch das Urteil des EuGH in der Rechtssache NRA[25] überholt sein. Hier hatte der EuGH entschieden, dass wenn ein Unternehmer in einem Bereich tätig wird, der insgesamt – wie die GKV – der öffentlichen Hand vorbehalten ist, und er nur mit Genehmigung der öffentlichen Hand in diesen Markt eintreten kann sowie seine Marktausübung nach den von der öffentlichen Hand gesetzten Rechtsregelungen erfolgen muss, ein Wettbewerb nur rein theoretischer Natur ist und daher auch kein potenzieller Wettbewerb vorliegt. Das gilt unabhängig Davon, ob die erbrachte Leistung für den Leistungsempfänger identisch ist, oder nicht. Für die GKV kann dieses Urteil im Bereich der Auslagerung von Teilbereichen ihrer Tätigkeiten (Abrechnungsprüfung) hohe Relevanz haben.

Der räumliche Markt ist für die Definition des Wettbewerbs grundsätzlich nicht von Relevanz, da aber die Möglichkeit, in den relevanten Markt einzutreten, real und nicht nur rein hypothetisch sein muss, müssen – nach Ansicht der Finanzverwaltung – abhängig von der Art der Leistung gleichwohl auch räumliche Aspekte bei der Marktbetrachtung eine Rolle spielen. Die Wettbewerbsbeurteilung sei zwar grundsätzlich auf das Gebiet der Europäischen Union zu erstrecken, je nach Art der zu beurteilenden Leistung aber ggf. regional zu beschränken.

---

[23]vgl. EuGH-Urteil vom 16.09.2008, C-288/07.

[24]BMF v. 06.12.2016, BStBl. I 2016, 1451, Tz. 27.

[25]EuGH Urteil v. 19.01.2017 – C-344/15, BFH/NV 2017, 558.

An den Begriff der „größeren Wettbewerbsverzerrungen" sind keine erhöhten Anforderungen zu stellen. Größer sind Wettbewerbsverzerrungen danach vielmehr bereits dann, wenn sie nicht lediglich unbedeutend sind.[26]

(5) Ausnahmen von größeren Wettbewerbsverzerrungen

Die Abs. 2 und 3 des neuen § 2b UStG enthalten Sachverhalte, die nicht zu größeren Wettbewerbsverzerrungen führen. Nach § 2b Abs. 2 UStG liegen größere Wettbewerbsverzerrungen insbesondere nicht vor, wenn

1. der von einer juristischen Person des öffentlichen Rechts im Kalenderjahr aus gleichartigen Tätigkeiten erzielte Umsatz voraussichtlich EUR 17.500 jeweils nicht übersteigen wird oder
2. vergleichbare, auf privatrechtlicher Grundlage erbrachte Leistungen ohne Recht auf Verzicht (§ 9) einer Steuerbefreiung unterliegen.

Wird demnach aus hoheitlichen, aber im Wettbewerb stehenden Tätigkeiten ein lediglich vergleichsweise geringer Jahresumsatz in Höhe von bis zu EUR 17.500 erlöst, stellt die unternehmerische Betätigung unter Wettbewerbsgesichtspunkten typisiert keine größere Beeinträchtigung dar und führt nicht dazu, dass die Krankenkassen insoweit als Unternehmer anzusehen ist.

Hier schafft der Gesetzgeber einen Bezug mit der für Kleinunternehmer geltenden Regelung des § 19 Abs. 1 UStG. Kleinunternehmer werden hiernach von der Umsatzsteuer für die von ihnen erbrachten Lieferungen und sonstigen Leistungen befreit, sofern der Umsatz im vorangegangen Kalenderjahr EUR 17.500 nicht überstiegen hat und im laufenden Kalenderjahr EUR 50.000 voraussichtlich nicht übersteigen wird. Im Unterschied zur Kleinunternehmerregelung ist bei der Vorschrift für juristische Personen des öffentlichen Rechts jedoch auf gleichartige Tätigkeiten abzustellen, somit können die tatsächlichen Umsätze in der Summe sehr wohl oberhalb der gesetzlichen Höchstgrenze für Kleinunternehmer liegen.[27] Die Höhe der Umsätze ist auf Basis einer Prognose zu Jahresbeginn zu ermitteln.[28] Übersteigen die Umsätze diese Prognose, ist dies nicht schädlich, wenn die Prognose auf einer zutreffenden Tatsachengrundlage gefällt wurde.

---

[26]vgl. EuGH-Urteil vom 16.09.2008, C-288/07.

[27]Vgl. Ringwald, UR 2015, S. 1.

[28]BMF v. 16.12.2017, Tz. 34.

Hinsichtlich der Frage, wann eine Leistung „gleichartig" ist, stellt das BMF auf die Sicht des Durchschnittsverbrauchers ab. Hier besteht im Einzlenen Gestaltungsspielraum für die Körperschaft des öffentlichen Rechts.

Darüber hinaus führen auch Leistungen nicht zu einer größeren Wettbewerbsverzerrung, die, wenn sie auf privatrechtlicher Grundlage erbracht werden einer Steuerbefreiung (§ 4 UStG) unterliegen, wenn nicht nach § 9 UStG die Möglichkeit der Option zur Steuerpflicht besteht. Diese Regelung soll die öffentliche Hand vor Wettbewerb schützen, da insoweit auch private Wettbewerber nicht der Umsatzsteuer unterliegen. Anwendungsfälle für Krankenkassen sind bisher nicht ersichtlich.

(6) Ausnahmen bei öffentlich-rechtlichen Beistandsleistungen

§ 2b Abs. 3 UStG nennt weitere Leistungen, die, sofern sie an eine andere juristische Person des öffentlichen Rechts erbracht werden, ebenfalls keine größeren Wettbewerbsverzerrung bewirken und somit ebenfalls nicht der Steuerpflicht unterliegen. Hier wird der Fall der öffentlichen Beistandsleistungen wirder aufgegriffen. Keine Wettbewerbsverzerrung soll hier vorliegen, wenn:

1. die Leistungen aufgrund gesetzlicher Bestimmungen nur von juristischen Personen des öffentlichen Rechts erbracht werden dürfen oder
2. die Zusammenarbeit durch gemeinsame spezifische öffentliche Interessen bestimmt wird. Dies ist regelmäßig der Fall, wenn
   a) die Leistungen auf langfristigen öffentlich-rechtlichen Vereinbarungen beruhen,
   b) die Leistungen dem Erhalt der öffentlichen Infrastruktur und der Wahrnehmung einer allen Beteiligten obliegenden öffentlichen Aufgabe dienen,
   c) die Leistungen ausschließlich gegen Kostenerstattung erbracht werden und
   d) der Leistende gleichartige Leistungen im Wesentlichen an andere juristische Personen des öffentlichen Rechts erbringt.

Körperschaften des öffentlichen Rechts, die per Gesetz exklusiv zur Vornahme und Erbringung bestimmter Leistungen berechtigt und verpflichtet sind, sollen auch bei potenziellem Wettbewerb hier nicht zusätzlich mit Umsatzsteuer belastet werden. Die Erbringung derartiger Leistungen kann grundsätzlich nicht zu einer Wettbewerbsverzerrung führen, da für privatwirtschaftliche Unternehmen aufgrund der gesetzlich vorgeschriebenen Rechtsstellung unüberwindliche Markteintrittsbarrieren bestehen. Dies betrifft insbesondere Beschränkungen der Leistungserbringung aufgrund des Sozialdatenschutzes.

Es ist daher nur konsequent, dass Leistungen, die im weiteren Sinne unter dem Begriff „Amtshilfe" zu subsumieren sind, was dem Begriff der Beistandsleistung entspricht, ebenfalls zu keiner Wettbewerbsverzerrung führen können, selbst wenn sie für eine Gegenleistung erbracht wird. Denn damit es zu einer Beeinträchtigung eines Marktes kommen kann, muss für die entsprechende Leistung überhaupt ein Markt existieren. Erbringt eine Krankenkasse beispielsweise Leistungen im Bereich der Sozialdatenverarbeitung für eine andere Krankenkasse, scheidet aufgrund der hoheitlichen Aufgabe eine Wettbewerbsverzerrung grundsätzlich aus, da privatwirtschaftliche Unternehmen diese Leistungen nicht durchführen dürfen. Nach der Rechtsprechung des BFH auf Basis des bis zum 31.12.2015 geltenden Rechts war die Erbringung von Amtshilfe sowie Leistungen von Körperschaften im Allgemeinen in den Fokus der Finanzämter geraten.[29] Es ist daher fraglich, ob diese Rechtsprechung weiter Bestand haben kann.

Der Gesetzgeber hat für die Träger der gesetzlichen Krankenversicherung eine Reihe von hoheitlichen Aufgaben formuliert. Nennenswert erscheint vor diesem Hintergrund beispielsweise die dauerhafte Speicherung und Verarbeitung von Sozialdaten gem. § 80 i. V. m. § 67 SGB X. Die Einrichtung eines gemeinschaftlichen Rechenzentrums zur Kostensenkung und zur Erfüllung dieser Vorbehaltsaufgaben führte in den Vorjahren gelegentlich zu Meinungsverschiedenheiten mit zuständigen Finanzbehörden hinsichtlich der Beurteilung der gezahlten Entgelte. Es bestand ein immanentes Risiko, dass aufgrund von unzureichenden Formulierungen in Satzung oder Gesellschaftsvertrag, eine Arbeitsgemeinschaft mit den von ihr angebotenen Leistungen in die Umsatzsteuerpflicht lief.

So erkannte das zuständige Finanzamt in einigen Fällen von Arbeitsgemeinschaften in den Mitgliedsbeiträgen echtes Entgelt im Rahmen eines Leistungsaustausches und unterwarf die Leistungen der Umsatzbesteuerung. Diese Auslegung stand gegebenenfalls im Widerspruch zur Bestimmung nach Art. 132 Buchst. f) Mehrwertsteuersystemrichtlinie (MwStSystRL), sodass nur eine Argumentation unter Zuhilfenahme europarechtlicher Vorschriften die Besteuerung verhindern konnte. Bemerkenswert ist in diesem Zusammenhang eine aktuelle Entscheidung des FG Münster, in der in dieser die Steuerpflicht einer Genossenschaft unter Verweis auf Art. 132 MwStSystRL verneinte.[30] Der BFH hat die Revision auf die erfolgreiche Nichtzulassungsbesschwerde des Finanzamts zugelassen, sodass

---

[29]Vgl. BFH v. 10.11.2011- V R 41/10, BB 2012, S. 477; Vgl. BFH v. 01.12.2011, V R 1/11, DB 2012, S. 324.
[30]FG Münster, Urteil v. 14.02.2017 – 15 k 33/14 U.

nicht abschließend beurteilt werden kann, ob der BFH sich der überzeugenden Argumentation des FG Münster anschließt.

Künftig stellt durch die Einführung des neuen § 2b UStG die Erbringung von Leistungen einer Körperschaft des öffentlichen Rechts an eine andere unter Umgehung zwischengeschalteter Arbeitsgemeinschaften und unter Berücksichtigung der oben zitierten Voraussetzungen kein größeres steuerliches Risiko mehr dar und entspricht im Wesentlichen den primärrechtlichen Vorschriften. Dies ist insbesondere für kleinere Krankenkassen begrüßenswert, da diese durch die Auslagerung von Geschäftsprozessen an andere juristische Personen des öffentlichen Rechts vom zunehmenden Kostendruck im Bereich von Verwaltungs- und EDV-Bereich Entlastung erfahren können. Aber auch für größere Krankenkassen kann die Erbringung von Leistungen an andere Krankenkassen vorteilhaft sein, wenn so kurzzeitige Überkapazitäten oder ein Personalüberhang wirtschaftlich genutzt werden kann.

Bedenklich ist, dass die Problemlage für Arbeitsgemeinschaften unberührt bleibt. Der EuGH hat insoweit im September 2017 die Bundesrepublik Deutschland verurteilt, die Vorgaben der Mehrwertsteuersystemrichtlinie in das innerstaatliche Recht umzusetzen.[31] Die weitere Entwicklung bleibt hier abzuwarten.

1.2.3 Steuerbefreiungen

Soweit eine gesetzliche Krankenkasse eine Lieferung oder sonstige Leistung auf privatrechtlicher Ebene ausführt und als Unternehmer anzusehen ist, sind die Leistungen steuerbar. Das bedeutet jedoch noch nicht zwingend, dass diese Leistungen auch steuerpflichtig sind. § 4 UStG enthält einen umfangreichen Katalog steuerfrei gestellter Lieferungen und sonstigen Leistungen. Auch soweit eine Unternehmerstellung im hoheitlichen Bereich bejaht wird, weil die Krankenkasse Leistungen erbringt, die bei Privaten zwar unter eine Steuerbefreiung fallen, dort aber eine Optionsmöglichkeit nach § 9 UStG besteht, sind die nachfolgenden Ausführungen relevant. Für gesetzliche Krankenkassen sind insbesondere die folgenden Steuerbefreiungen von größerer Bedeutung.

§ 4 Nr. 12 (Vermietungsumsätze):
Krankenkassen, die beispielsweise aufgrund von räumlichen Überkapazitäten Gebäudeteile vermieten, unterliegen hinsichtlich dieser Einkünfte aus Vermietung

---

[31]EuGH Urteil vom 21.09.2017 – C-616/15.

und Verpachtung auch soweit Sie gegenüber Unternehmern erbracht wird, nicht zwingend der Umsatzsteuer. Das gilt uneingeschränkt nach der Neuregelung durch § 2b UStG. Bis zum Eingreifen der Neuregelung sind Vermietungsumsätze regelmäßig als Bestandteil der Vermögensverwaltung als hoheitlich anzusehen. Denn die durch die bloße Vermögensverwaltung erzielten Einkünfte begründen auch körperschaftsteuerrechtlich unter den oben beschriebenen Rahmenbedingungen noch keinen Betrieb gewerblicher Art, auch wenn eine nachhaltige Einkünfteerzielungsabsicht mit einigem wirtschaftlichen Gewicht vorliegen mag.[32] Die Vermögensverwaltung ist begrifflich derart von einem steuerpflichtigen wirtschaftlichen Geschäftsbetrieb abzugrenzen, dass die Vermögensverwaltung auf die Substanzerhaltung eines Vermögens abzielt und die Tätigkeit darauf gerichtet ist, die Früchte dieses Vermögens zu ziehen. Beschränkt sich eine Körperschaft des öffentlichen Rechts hinsichtlich ihrer Geschäfte jedoch nicht auf diese typische fruchtziehende und das vermögenserhaltende Tätigkeit indem sie weitere Leistungen, die über diesen Rahmen hinausgehen, erbringt oder ist die Tätigkeit wesentlich auf Vermögensumschichtung statt auf Vermögenserhaltung gerichtet, wird der Rahmen der Vermögensverwaltung verlassen.[33] Gemäß R 15.6 EStR liegt der Tatbestand der Vermögensverwaltung dann vor, wenn sich die Betätigung noch als Nutzung von Vermögen im Sinne einer Fruchtziehung aus zu erhaltenden Substanzwerten darstellt und die Ausnutzung substanzieller Vermögenswerte durch Umschichtung nicht entscheidend in den Vordergrund tritt. Nur wenn besondere Umstände hinzutreten, wie z. B. die kurzfristige Vermietung oder die Ausnutzung substanzieller Werte durch Umschichtung statt durch längerfristige Nutzung, kann ein wirtschaftlicher Geschäftsbetrieb vorliegen.

Umsatzsteuerlich ist daher zu beachten, dass – soweit die Vermögensverwaltung dem hoheitlichen Bereich zugeordnet werden kann – der Umsatz unterhalb des in § 2b Abs. 2 Nr. 1 UStG definierten Höchstwerts bereits per se nicht steuerpflichtig ist. Besteht kein Optionsrecht zum Verzicht auf die Steuerfreiheit nach § 9 Abs. 1 UStG, so liegt ebenfalls schon keine steuerbare Leistung der Krankenkasse vor. Ein Optionsrecht besteht nur, wenn die Vermietungsleistung an einen anderen Unternehmer erbracht wird, der selbst steuerpflichtige Ausgangsumsätze erbringt. Besteht schließlich ein Optionsrecht, so muss die Krankenkasse dieses selbstverständlich (Option, sic!) nicht wahrnehmen, sodass es der Krankenkasse frei steht, insoweit als Unternehmer steuerpflichtige oder steuerfreie Umsätze zu tätigen.

---

[32]Vgl. hierzu Kratzsch in Schwarz/Pahlke, AO, § 14 AO Rz. 9 ff.
[33]Vgl. BFH Urteil v. 25.10.1988, VIII R 262/80, BStBl II 1989, S. 291.

Zusammenfassend bestehen signifikante Unterschiede in der körperschaft-
und umsatzsteuerlichen Behandlung von Vermietungseinkünften. Die echte
Vermögensverwaltung löst keine Körperschaftsteuer aus, hingegen ist die
Steuerbefreiung nach Umsatzsteuerrecht an die Umsatzhöhe und die Person des
Leistungsempfängers geknüpft.

Beispiel: Eine Krankenkasse vermietet den obersten Stock ihres Verwaltungs-
gebäudes an einen Rechtsanwalt und das Erdgeschoss an einen Arzt.

Lösung: Der Arzt erbringt umsatzsteuerfreie Leistungen. Daher kann bei
der grundsätzlich umsatzsteuerfreien Vermietung an ihn nicht nach § 9 optiert
werden. Die Vermietung ist steuerlich unbeachtlich. Der Rechtsanwalt erbringt
umsatzsteuerpflichtige Leistungen. Daher kann nach § 9 bei der Vermietung an
ihn zur Umsatzsteuerpflicht optiert werden. Die Option kann dann sinnvoll sein,
wenn die Krankenkasse wesentliche Aufwendungen hat, die ihrerseits mit Vorsteuer belastet sind (Vorsteuerüberhang).

**§ 4 Nr. 15 (Umsätze der Träger der Sozialversicherung untereinander und an ihre
Versicherten)**

§ 4 Nr. 15a (Leistungen des MDK)

Die in den Nummern 15 und 15a des § 4 UStG beschriebenen Leistungen sind
auch als Teil der vom Gesetzgeber vergebenen hoheitlichen Aufgabe der Träger
der Sozialversicherung zu verstehen. Diese unterliegen nicht der Umsatzsteuerpflicht und umfassen auch Leistungen der Krankenkassen untereinander.

Die dem Grunde nach begünstigten Umsätze der gesetzlichen Träger der Sozialversicherung ergeben sich aus § 4 Abs. 2 SGB I. Zu den Leistungen der gesetzlichen Krankenversicherung gehören insbesondere Leistungen zur Förderung der
Gesundheit und zur Bekämpfung von Krankheiten. Diese Leistungen sind grundsätzlich, sofern sie an Versicherte erbracht werden, steuerbefreit.

Erbringt eine Krankenkasse für eine andere Körperschaft des öffentlichen
Rechts Leistungen im Bereich der Abrechnungsprüfung, sind die Umsätze nach
den oben genannten Vorschriften nicht umsatzsteuersteuerpflichtig. Da es sich
bei Trägern der Sozialversicherung um Körperschaften des öffentlichen Rechts
handelt, deren hoheitliche Tätigkeiten nicht der Steuerpflicht unterliegen, greift
die genannte Befreiungsvorschrift nur ein, sofern steuerbare Leistungen im
Rahmen eines Betriebs gewerblicher Art erbracht werden.[34]

---

[34]Vgl. Huschens, in Schwarz/Widmann/Radeisen, UStG, § 4 Nr. 15 UStG Rz. 48.

Denn die Erfüllung hoheitlicher Aufgaben und das Betreiben von Einrichtungen, die überwiegend der Ausübung der öffentlichen Gewalt dienen, sogenannte Hoheitsbetriebe, unterliegen mit ihren Einkünften in Ermangelung der notwendigen Tatbestandsvoraussetzungen nicht der Steuerpflicht. Besondere Aufmerksamkeit erfordert indes die Abgabe und Reparatur von Brillen und Brillenteilen. Diese Tätigkeit stellt keine durch die Gesetzgebung ausschließlich Krankenkassen vorbehaltene Aufgabe dar und birgt bei Erbringung dieser Leistung durch eine Körperschaft des öffentlichen Rechts das Risiko einer Wettbewerbsverzerrung.[35] Dies steht im Einklang mit dem neuen § 2b UStG, der nur dann Leistungen von der Umsatzsteuer freistellt, wenn es zu keinen größeren Wettbewerbsverzerrungen kommt.

§ 4 Nr. 22 (Vorträge und Kurse belehrender Art):
Führt eine Krankenkasse z. B. im Rahmen des betrieblichen Gesundheitsmanagements Vorträge, Kurse oder andere Veranstaltungen oben genannter Art durch und wird hierfür ein Entgelt erhoben, tritt sie grundsätzlich mit gewerblichen Anbietern von Kursen ähnlichen Inhalts in Konkurrenz. Diese Situation wird durch die Einschränkung, das Entgelt müsse überwiegend auf einer kostendeckenden Kalkulation beruhen, nur unwesentlich entschärft. Die Vortragstätigkeit freier Mitarbeiter ist damit grundsätzlich umsatzsteuerpflichtig.[36] Vor diesem Hintergrund sind die Ausschlusstatbestände hinsichtlich des Vorliegens größerer Wettbewerbsverzerrungen des neuen § 2b UStG beachtlich.

§ 4 Nr. 28 (Verkauf von Gegenständen):
Die Lieferung von Gegenständen, die ausschließlich für eine nach § 4 Nr. 8 bis 27 UStG steuerfreie Tätigkeit oder für eine nicht steuerbare Tätigkeit (Ausschluss des Vorsteuerabzugs) verwendet wurden ist ebenfalls steuerfrei. Selbstverständlich betrifft diese Regelung nicht Beschaffungsvorgänge der Krankenkasse selbst, sondern den Verkauf von Gegenständen, die die Kasse für ihre steuerfreien oder nicht steuerbaren Tätigkeiten genutzt hat und die nicht schon als Hilfsgeschäfte der Verwaltung als hoheitlich einzustufen sind.

Beispiel: Die Krankenkasse verkauft das gebrauchte Geschäftsfahrzeug des Vorstands nach drei Jahren für EUR 30.000. Der Vorgang ist, wenn er von einem

---

[35]Vgl. § 2 Abs. 3 Nr. 3 UStG i. V. m. § 27 Abs. 22 UStG, hiernach ist Absatz 3 in der am 31. Dezember 2015 geltenden Fassung auf Umsätze, die nach dem 31. Dezember 2015 und vor dem 1. Januar 2017 ausgeführt werden, weiterhin anzuwenden.
[36]Vgl. Huschens, in Schwarz/Widmann/Radeisen, UStG, § 4 Nr. 22 UStG Rz. 16.

Unternehmer ausgeführt wird, steuerbar (wenn die Veraltungsregel zu Hilfs-geschäften ausgeblendet wird), da es sich um eine Lieferung eines Gegenstands (Kfz) handelt. Es greift aber in jedem Fall die Steuerbefreiung nach § 4 Nr. 28 UStG, da das Kfz nicht für unternehmerische Zwecke, sondern für die (nicht steuerbaren) originär hoheitlichen Zwecke der Kasse verwandt wurde.

1.2.4 Besondere Sachverhalte

Versandhandelsapotheken

Ein steuerbarer Umsatz im Sinne des § 1 Abs. 1 Nr. 5 i. V. m. § 1a Abs. 1 UStG wird auch durch den Tatbestand eines innergemeinschaftlichen Erwerbs begründet. Dieser liegt dann vor, wenn ein Gegenstand bei einer Lieferung aus dem Gebiet eines Mitgliedstaates in das Gebiet eines anderen Mitglied-staates oder aus dem übrigen Gemeinschaftsgebiet gelangt und, wie im Falle einer Krankenkasse, eine juristische Person, die nicht Unternehmer ist oder die den Gegenstand nicht für ihr Unternehmen erwirbt. Darüber hinaus muss die Lieferung an den Erwerber durch einen Unternehmer gegen Entgelt im Rahmen seines Unternehmens ausgeführt werden.

Nach § 1a Abs. 3 Nr. 2 UStG liegt ein innergemeinschaftlicher Erwerb nicht vor, wenn der Gesamtbetrag der Entgelte den Betrag von EUR 12.500 im voran-gegangenen Kalenderjahr nicht überstiegen und wird diesen Betrag im laufenden Kalenderjahr voraussichtlich nicht übersteigen wird (sogenannte Erwerbsschwelle). Verfügt eine Krankenkasse über eine USt-Id-Nr., so ist die Erwerbsschwelle irrele-vant.

Die Voraussetzungen sind insbesondere beim Erwerb von Arzneimitteln bei einer Versandhandelsapotheke durch eine Krankenkasse in der Regel auch betragsmäßig erfüllt. Seit dem 01. Oktober 2013 müssen Krankenkassen daher auf Arzneimittellieferungen aus dem Ausland entfallende USt selbst entrichten. Die hierzu von der Körperschaft zu ermittelnde Bemessungsgrundlage berechnet sich nach § 10 Abs. 1 Satz 1 UStG und ist nach dem Entgelt zu bemessen. Zum Entgelt gehört auch, was ein anderer als der Leistungsempfänger dem Unter-nehmer für die Leistung gewährt, sogenannte Entgelte von dritter Seite. Hierzu zählen insbesondere sämtliche Zuzahlungen vonseiten des Versicherten. Demnach ist die Bemessungsgrundlage aus der Gesamtbruttosumme der Apotheken-lieferung zzgl. der Zuzahlungen und abzgl. der Apothekenrabatte sowie abzgl. der Herstellerrabatte zu bilden. In der Praxis bot es sich an, den Zahlbetrag der Krankenkasse als Ausgangspunkt zu nehmen und sämtliche Zuzahlungen von-seiten des Versicherten hinzuzurechnen.

Umstritten war aber, ob auch die Herstellerrabatte als Entgelt von dritter Seite zu behandeln sein sollten. Infrage standen die sogenannten Herstellerrabatte nach § 130a SGB V, die nach der Auffassung des GKV-Spitzenverbandes Entgelte von Dritter Seite darstellen und somit nach wie vor im Rahmen der verwandten und abgestimmten Musterrechnungen in die Bemessungsgrundlage einbezogen werden.

Die gegensätzliche Auffassung, dass in den Herstellerrabatten kein Entgelt von Dritter Seite und somit auch kein Bestandteil der Bemessungsgrundlage zu sehen ist, legte bereits die Rechtsprechung des EuGH nahe. Dieser hat seine Rechtsprechung mit Urteil vom 16.01.2014 – C-300/12 dahin gehend weitergeführt, dass wenn ein Hersteller eines Erzeugnisses, der zwar nicht vertraglich mit dem Endverbraucher verbunden ist, aber das erste Glied einer zu diesem führenden Kette von Umsätzen bildet und ihm durch Preisnachlassgutscheine, die von den Einzelhändlern eingelöst und diesen vom Hersteller erstattet werden, einen Preisnachlass gewährt, die Besteuerungsgrundlage für die Mehrwertsteuer um diesen Nachlass vermindert werden muss.[37]

Aber auch unter Zuhilfenahme der nationalen Rechtsprechung ließ sich ohne weiteres die Auffassung vertreten, dass in den genannten Rabatten kein Entgelt von Dritter Seite zu sehen war. Zahlungen an einen Unternehmer, der Lieferungen oder sonstige Leistungen an Dritte erbringt gehören unter anderem dann gemäß § 10 Abs. 1 Satz 3 UStG zum Entgelt für diese Umsätze, wenn der Dritte für die konkrete Leistung des Unternehmers an den Leistungsempfänger zahlt und der Unternehmer die Zahlung hierfür erhält, sodass ein unmittelbarer Zusammenhang zwischen Leistung und Drittzahlung besteht.[38] Bezieht ein Versicherter einer Krankenkasse Arzneimittel von einer Versandhandelsapotheke, führt der gesetzlich normierte Herstellerrabatt über die Preissetzung der Apotheke zu einer Entgeltminderung zugunsten der Krankenkasse. Somit erhält nicht die Apotheke den wirtschaftlichen Vorteil, sondern vielmehr die Krankenkasse.

Mit Urteil vom 13.03.2018[39] hat das FG Münster die angesprochene Rechtsfrage zugunsten der gesetzlichen Krankenkasse im Sinne der hier schon in der ersten Auflage vertretenen Auffassung und entgegen der Musterrechnung des GKV-SV entschieden. Die Herstellerrabatte gehören mithin nicht zu Bemessungsgrundlage der Umsatzsteuer für gesetzliche Krankenkassen. Soweit Krankenkassen dies in der

---

[37]EuGH Urteil vom 16.01.2014 – C – 300/12, Tz.12, DB 2014, 157.

[38]Vgl. Sölch/Ringleb UStG, § 10, Tz. 204–205; Vgl. BFH Urteil vom 16.10.2013, XI R 39/12, Rz. 32, BStBl II 2014, 1024.

[39]FG Münster Urteil v. 13.03.2018 – 15 K 832/15 U (nicht veröffentlicht, Bezug über den Verfasser als Verfahrensbevollmächtigten oder die Kanzlei WEIDMANN Rechtsanwälte Steuerberater PartG.

Vergangenheit anders deklariert hatten, besteht Korrekturbedarf. Gegen das Urteil ist zum Redaktionsschluss dieses Buches Nichtzulassungsbeschwerde eingelegt worden, über die noch nicht abschließend entschieden ist.

Zytostatika

Zytostatika, die im Rahmen von ambulant durchgeführten Therapien in Krankenhäusern hergestellt und verabreicht wurden, stellen umsatzsteuerrechtlich Lieferungen von Gegenständen dar und wurden in der Vergangenheit daher von Krankenhausapotheken der Umsatzsteuer unterworfen.[40] Regelmäßig sind Krankenhäuser als gemeinnützig anerkannt, ihre Apotheken stellen jedoch steuerpflichtige wirtschaftliche Geschäftsbetriebe dar.

Der BFH ordnete in einem Urteil 2014 Einnahmen aus Zytostatika dem Zweckbetrieb des Krankenhauses und damit dem gemeinnützigen und steuerbefreiten Bereich zu.[41] Da diese Medikamente eng mit der Heilbehandlung verbunden sind, ergibt sich die Steuerfreiheit aus § 4 Nr. 16 Buchst. b UStG. Der EuGH hat die Lieferungen von Arzneimitteln als in tatsächlicher und in wirtschaftlicher Hinsicht von der Hauptleistung der ärztlichen Heilbehandlung untrennbar angesehen.[42]

Für Krankenkassen ergibt sich aus diesen Urteilen ggf. ein nicht unerheblicher Rückforderungsanspruch gegen die Krankenhausapotheken, diese haben ihrerseits einen Erstattungsanspruch gegen die zuständigen Finanzämter. Aufgrund der Einstufung als Zweckbetrieb besteht für Krankenhäuser jedoch kein Interesse an einer Umsetzung der richtigen Rechtslage, sodass ggf. rechtlich durch Krankenkassen vorgegangen werden muss. Auch vier Jahre nachdem das genannte Urteil des BFH ergangen ist, weigern sich jedoch zahlreiche Krankenhäuser, angefallene Umsatzsteuern zurückzuerstatten. Insoweit wird unzulässigerweise mit einem Wegfall der Bereicherung argumentiert. Während Krankenkassen mit großer Marktmacht teilweise Vergleiche erzielen, bei denen bis zu 60 % der gezahlten Umsatzsteuern erstattet werden, kann bei kleineren Kassen regelmäßig bislang nur eine Quote um ca. 20 % erzielt werden. Aktuelle Sozialgerichtliche und Landessozialgerichtliche Urteile berücksichtigen bedauerlicherweise die steuerrechtlichen Rahmenbedingungen nur unzureichend.

§ 13b UStG-Fälle – Umkehr der Steuerschuld

Da Krankenkassen Körperschaften sind, müssen Sie auch Leistungen versteuern, die sie nicht selbst durchgeführt haben. § 13b UStG ordnet für Leistungen eines

---

[40]Vgl. § 1 Abs. 1 Nr. 1 UStG.

[41]Vgl. BFH Urteil vom 24.09.2014 – V R 19/11, DStR 2014, 2505.

[42]Vgl. EuGH Urteil vom 13.03.2014 – C- 366/12, BFH/NV 2014, 812.

ausländischen Unternehmers die sogenannte Umkehr der Steuerschuld an. Hiernach schuldet die Krankenkasse die Umsatzsteuer aus einer aus dem Ausland bezogenen Leistung. Da dies nur steuerbare bzw. steuerpflichtige Leistungen betrifft, die Heilbehandlung als wesentlichste, ggf. aus dem Ausland beschaffte Leistung jedoch steuerbefreit ist, ist das damit verbundene Risiko insbesondere für kleinere Krankenkassen überschaubar. Größere Kassen haben aber im Bereich des Erwerbs von Softwarelizenzen aber auch in Fällen von Leistungen von Twitter, Google oder Facebook im Bereich des Marketing oder bei der Einschaltung ausländischer Rechtsanwälte beachtliche Aufwendungen, für deren Besteuerung die Körperschaft selbst verantwortlich ist. Das damit verbundene Steuerrisiko hat bereits zur Eröffnung von Strafverfahren gegen Kassenvorstände geführt.

1.3   Grundsteuer, Grunderwerbsteuer

1.3.1   Grunderwerbsteuer

Im Bereich der Grunderwerbsteuer gelten für Körperschaften des öffentlichen Rechts nur wenige Besonderheiten. Grundsätzlich unterliegen Grundstückserwerbe beim Erwerber der Grunderwerbsteuer nach § 1 Grunderwerbsteuergesetz (GrEStG). Dies gilt auch für entsprechende Ersatztatbestände, die gegebenenfalls ebenfalls auf Körperschaften des öffentlichen Rechts zutreffen können, wie die Vereinigung von Anteilen an grundbesitzenden Personengesellschaften oder ähnliches. Auf diese Besonderheiten wird im Nachfolgenden aus Wesentlichkeitsgründen nicht ausführlich eingegangen.

§ 4 Nr. 1 GrEStG enthält einen Befreiungstatbestand, der gegebenenfalls für gesetzliche Krankenkassen einschlägig sein kann. Wesentlicher Bestandteil der Vorschrift ist die Bedingung, dass es sich sowohl beim Veräußerer, als auch beim Erwerber des Grundstücks um juristische Personen des öffentlichen Rechts handeln muss und dass das Grundstück nicht überwiegend einem Betrieb gewerblicher Art dienen darf. Im Einzelfall muss Aufteilung nach dem Umfang der Nutzung festgestellt werden um eine Steuerpflicht ausschließen zu können. Eine überwiegend hoheitliche Zweckbestimmung liegt vor, wenn die wirtschaftliche Tätigkeit unlösbar mit der hoheitlichen Tätigkeit verbunden ist und eine Art Nebentätigkeit im Rahmen der hoheitlichen Tätigkeit darstellt.[43] Dies könnte beispielsweise bei der Erbringung von EDV-Dienstleistungen der Fall sein.

---

[43]Vgl. Viskorf, in Boruttau, GrEStG, 17. Aufl., 2011, § 4 Rz. 24.

Auch kommt bei einer Fusion von Krankenkassen die Anwendung der oben genannten Vorschrift in Betracht. Sowohl bei der Vereinigung von Kassen der gleichen Kassenart, als auch bei kassenartenübergreifender Vereinigung gelten mit dem Zeitpunkt der Fusion nach § 144 Abs. 4 SGB V beide involvierte Kassen als geschlossen. Rechtnachfolger wird eine neue Körperschaft des öffentlichen Rechts, die in die Rechte und Pflichten der bisherigen Krankenkassen eintritt. Diese erwirbt aus Anlass des Übergangs öffentlich rechtlicher Aufgaben die bestehenden Grundstücke der vormaligen Krankenkassen.[44]

Die Anwendbarkeit des § 4 Nr. 1 GrEStG setzt voraus, dass ein unmittelbarer Zusammenhang zwischen dem Erwerb des Grundstücks und dem Übergang der öffentlich-rechtlichen Aufgaben bzw. der Grenzänderung besteht. Die Aufgaben der übertragenden Körperschaft und der erwerbenden Körperschaft müssen identisch sein.[45] Dies liegt insbesondere bei der bereits erläuterten Fusion von Krankenkassen vor. Nach dieser Befreiungsvorschrift unterliegen derartige Vorgänge nicht der Grunderwerbsteuer.

1.3.2 Grundsteuer

Im Grundsteuerrecht gelten ebenfalls nur wenige Befreiungstatbestände, die für gesetzliche Krankenkassen anwendbar sind. Grundsätzlich unterliegt Grundbesitz der Grundsteuer. Hebeberechtigt sind gemäß § 1 Grundsteuergesetz (GrStG) die Gemeinden, in denen der Grundbesitz belegen ist. Von der Grundsteuer befreit sind nach § 3 Abs. 1 Nr. 1 GrStG Grundbesitz, der von einer inländischen juristischen Person des öffentlichen Rechts für einen öffentlichen Dienst oder Gebrauch benutzt wird, ausgenommen ist der Grundbesitz, der von Berufsvertretungen und Berufsverbänden sowie von kassenärztlichen Vereinigungen und kassenärztlichen Bundesvereinigungen benutzt wird. Grundsätzlich sind somit die Träger der gesetzlichen Krankenversicherung von der Grundsteuer im Rahmen ihrer hoheitlichen Tätigkeiten befreit, nicht jedoch für ihre Betriebe gewerblicher Art.

Zu differenzieren ist hier jedoch zwischen Eigenbetrieben und Betrieben gewerblicher Art. Eigenbetriebe schulden keine Grundsteuern, Betriebe gewerblicher Art schulden Grundsteuern. Ob Grundsteuern geschuldet werden oder nicht, wird im Rahmen von Grundsteuermessbescheiden festgesetzt. Stellt mithin eine Krankenkasse fest, dass sie zu Unrecht zur Grundsteuer herangezogen

---

[44]Vgl. § 1 Abs. 1 Nr. 1 GrEStG.

[45]Vgl. FG Baden-Württemberg Urteil v. 28.02.2007, 2 K 285/05, NWB direkt 2007, S. 11.

wurde, sollte sie sich gegen den Grundsteuermessbescheid wenden, nicht gegen den Grundsteuerbescheid, denn letzterer ist als Folgebescheid nicht fehlerhaft, wenn er die Einordnung aus dem Grundsteuermessbescheid übernimmt. Weiterhin ist von der Grundsteuer nach § 3 Abs. 1 Nr. 3 GrStG Grundbesitz befreit, der von einer inländischen juristischen Person des öffentlichen Rechts für gemeinnützige oder mildtätige Zwecke benutzt wird. Soziale Einrichtungen mit Grundvermögen, die von einer Krankenkasse geführt werden und als gemeinnützig anerkannt sind, unterliegen demnach ebenfalls nicht der Grundsteuer.

Zusammenfassend existieren insbesondere für Krankenkassen als juristische Personen des öffentlichen Rechts im Bereich des Grunderwerbs und Besitzes von Grundvermögen beachtliche Steuerbefreiungstatbestände. Die Befreiung von der Grunderwerbsteuer ist jedoch im Rahmen des § 4 Nr. 1 GrEStG an die Voraussetzung gebunden, dass das Grundstück überwiegend nicht auf einen Betrieb gewerblicher Art entfällt.

1.4   Sonstige Steuern

Im Bereich sonstiger Steuern ist zu differenzieren, da Steuergesetze grundsätzlich nicht auf dem Steuersubjekt aufsetzen, sondern eine Besteuerung nach sachlichen Gegebenheiten vorgenommen wird. Beispielsweise sind Körperschaften des öffentlichen Rechts als Arbeitgeber Schuldner der Lohnsteuer und insoweit wie ein gewerbliches Unternehmen den Vorschriften der Abgabenordnung unterworfen. Auch im Bereich der Schenkungssteuern gilt für gesetzliche Krankenkassen keine Besonderheit, sodass diese insbesondere als Empfänger von Schenkungen der Schenkungssteuer unterworfen sind.

Deklarationspflichten 2

2.1 Körperschaft- und Gewerbesteuer

Die Körperschaftsteuererklärungen sind einheitlich für alle Betriebe gewerblicher Art von der Körperschaft des öffentlichen Rechts abzugeben. Die Krankenkasse muss also eine einheitliche Körperschaftsteuererklärung für ihre Betriebe gewerblicher Art abgeben, in der diese zusammengefasst werden. Die zuständige Finanzbehörde ergibt sich aus § 17 i. V. m. 20 Abs. 1 Abgabenordnung (AO): „Für die Besteuerung von Körperschaften, Personenvereinigungen und Vermögensmassen nach dem Einkommen und Vermögen ist das Finanzamt örtlich zuständig, in dessen Bezirk sich die Geschäftsleitung befindet."

Gemäß § 149 Abs. 2 AO sind Steuererklärungen, die sich auf ein Kalenderjahr oder einen gesetzlich bestimmten Zeitpunkt beziehen, spätestens fünf Monate nach dem Ende dieses Zeitraums abzugeben, sofern Einzelsteuergesetze nichts anderes bestimmen. Dieses Datum gilt insbesondere auch für die Körperschaftsteuererklärung, sofern kein steuerlicher Vertreter der zur unbeschränkten und beschränkten Hilfeleistung in Steuersachen berechtigt ist mit der Anfertigung der Erklärung betraut ist. Ab dem Steuerjahr 2018 ist die Frist auf den 31. Juli verlängert worden. Im Falle der Vertretung durch einen Steuerberater verlängert sich die Abgabefrist (aufgrund Verwaltungsanweisung[1]) bis zum 28./29. Februar des übernächsten Kalenderjahres. Darüber hinaus scheiden weitere Fristverlängerungen grundsätzlich aus.

---

[1]Vgl. Gleichlautende Ländererlasse vom 04.01.2016 und Gleich lautende Erlasse der obersten Finanzbehörden der Länder vom 23.02.2006 über Steuererklärungsfristen, BStBl I, 2006, 234.

© Springer Fachmedien Wiesbaden GmbH, ein Teil von Springer Nature 2018
R. Kohlhepp, *Besteuerung gesetzlicher Krankenkassen*, essentials,
https://doi.org/10.1007/978-3-658-22456-1_2

Die Deklarationspflichten hinsichtlich der Gewerbesteuer für Betriebe gewerblicher Art ergeben sich aus § 14a GewStG.[2]

Formvorschriften

Die Gültigkeit und damit die Anerkennung einer Steuererklärung als solche, setzt die Einhaltung besonderer Form- und Inhaltsvorschriften durch den zur Abgabe Verpflichteten voraus. So regelt § 150 Abs. 1 AO, dass Steuererklärungen grundsätzlich nach amtlich vorgeschriebenem Vordruck abzugeben sind. Dabei sind die Angaben in den Steuererklärungen wahrheitsgemäß nach bestem Wissen und Gewissen zu machen. Dies ist, wenn der Vordruck es vorsieht, auch schriftlich zu versichern. Zur Erläuterung und um erklärte Sachverhalte zu belegen, sind der Steuererklärung die Unterlagen beizufügen, die nach den Steuergesetzen vorzulegen sind.

Mitwirkungspflichten des Steuerpflichtigen

In der Regel ist bei Nichtabgabe einer Steuererklärung trotz Aufforderung zunächst mit der Festsetzung eines Verspätungszuschlags zu rechnen, sofern die Versäumnis nach Ermessen des Finanzamts nicht entschuldbar erscheint und der Steuerpflichtige zur rechtzeitigen Abgabe der Steuererklärung angehalten werden soll. Das Versäumnis ist regelmäßig dann nicht entschuldbar, wenn die Steuererklärung wiederholt nicht oder wiederholt nicht fristgerecht abgegeben wurde[3]. Gemäß § 152 Abs. 2 AO darf der Verspätungszuschlag 10 % der festgesetzten Steuer oder des festgesetzten Messbetrags nicht übersteigen und höchstens EUR 25.000 betragen. Die ständige Praxis der Finanzverwaltung[4] geht jedoch dahin, einen Verspätungszuschlag in Höhe von mehr als EUR 5000 nur dann festzusetzen, wenn ein durch die verspätete Abgabe der Steuererklärung entstandener Zinsvorteil nicht ausreichend abgeschöpft werden kann. Ab dem Steuerjahr 2017 gilt ein zwingender Verspätungszuschlag von 0,25 % pro angefangenem Monat der Fristüberschreitung. Ein weiteres Mittel zur Durchsetzung des Steueranspruchs ist die Schätzung der Besteuerungsgrundlagen. Gemäß § 162 Abs. 1 AO hat die Finanzbehörde die Besteuerungsgrundlagen soweit sie diese nicht ermitteln oder berechnen kann, zu schätzen. Dabei sind alle Umstände

---

[2]Vgl. hierzu § 2 Abs. 1 GewStDV, hiernach sind Unternehmen von juristischen Personen des öffentlichen Rechts gewerbesteuerpflichtig, wenn sie als stehende Gewerbebetriebe anzusehen sind.

[3]Vgl. AEAO zu § 152 Nr. 1.

[4]Vgl. AEAO zu § 152 Nr. 6.

zu berücksichtigen, die für die Schätzung von Bedeutung sind. Zu schätzen ist insbesondere dann, wenn der Steuerpflichtige über seine Angaben keine ausreichenden Aufklärungen zu geben vermag oder weitere Auskunft oder eine Versicherung an Eides statt verweigert oder seine Mitwirkungspflicht nach § 90 Abs. 2 verletzt. Ist dies der Fall, so kann zu seinem Nachteil von einem Sachverhalt ausgegangen werden, für den unter Berücksichtigung der Beweisnähe des Steuerpflichtigen und seiner Verantwortung für die Aufklärung des Sachverhalts eine gewisse Wahrscheinlichkeit spricht. Im Zweifelsfall wird das Finanzamt auf diesem Wege daher Besteuerungsgrundlagen ermitteln, die auch oberhalb der tatsächlichen Höhe liegen können und somit zu einer höheren Steuerbelastung führen.

Verantwortlichkeit des Vorstands

Die gesetzlichen Vertreter von juristischen Personen des öffentlichen Rechts handeln für diese und haben deren steuerliche Pflichten zu erfüllen. Vorstände von Krankenkassen haften gemäß § 69 AO, soweit Ansprüche aus dem Steuerschuldverhältnis infolge vorsätzlicher oder grob fahrlässiger Verletzung der ihnen auferlegten Pflichten nicht oder nicht rechtzeitig festgesetzt oder erfüllt oder soweit infolgedessen Steuervergütungen oder Steuererstattungen ohne rechtlichen Grund gezahlt werden. Die Haftung umfasst auch die infolge der Pflichtverletzung zu zahlenden Säumniszuschläge. Pflichtverletzungen können sich in diesem Zusammenhang aus Versäumnissen hinsichtlich der Auskunftspflicht, Anzeigepflicht, Erklärungspflicht und auch aus der Zahlungspflicht ergeben. Dabei muss die Pflichtverletzung in Kenntnis der steuerlichen Pflichten und bewussten Verletzung derselben begangen werden, oder die nach den persönlichen Verhältnissen zumutbare Sorgfalt in nicht entschuldbarer Weise verletzt werden. Ferner muss eine Kausalität zwischen der Pflichtverletzung und den dem Finanzamt entstandenen Schaden bestehen. Der Begriff Haftung bedeutet in diesem Falle für die gesetzlichen Vertreter einer Krankenkasse, dass diese für die Schuld der Körperschaft mit dem eigenem Vermögen persönlich und uneingeschränkt einzustehen haben, wurden mehrere Geschäftsführer bestellt, haftet jeder einzelne als Gesamtschuldner.

Ausgangspunkt für die strafrechtliche Organ- und Vertreterhaftung ist § 14 Strafgesetzbuch (StGB). Im Bereich der Ordnungswidrigkeiten enthält § 9 OWiG eine entsprechende Regelung. Handelt jemand in seiner in § 14 StGB näher bezeichneten Eigenschaft als Vertreter, so ordnet § 14 Abs. 1 und Abs. 2 S. 1 StGB an, dass ein Gesetz, nach dem besondere persönliche Merkmale die Strafbarkeit begründen, auch auf den Vertreter anzuwenden sei. Hierfür genügt es, wenn der Straftatbestand bei dem Vertretenen, also der Körperschaft erfüllt werden. Zu den Vertretern, die aufgrund einer gesetzlichen Norm für eine andere Person handeln, gehören gem. § 14 Abs. 1 Nr. 1 StGB die organschaftlichen Vertreter juristischer Personen.[5] Da gem. § 369 Abs. 2 AO hinsichtlich Steuerstraftaten die allgemeinen Gesetze über das Strafrecht gelten, soweit die Strafvorschriften der Steuergesetze nichts anderes bestimmen, greift somit auch das Strafrecht bei Steuerstraftaten auf den Vorstand durch. Wurde beispielsweise durch eine Krankenkasse der Tatbestand der Steuerhinterziehung verwirklicht, droht dem Vorstand der Krankenkasse die in § 370 Abs. 1 AO genannte Freiheits- oder Geldstrafe. Der Vorstand kann das Risiko seiner Haftung durch die Einrichtung eines Tax-Compliance-Systems vermindern.

2.2 Umsatzsteuervoranmeldung

Soweit eine Krankenkasse umsatzsteuerpflichtige Leistungen ausführt oder innergemeinschaftliche Erwerbe von ausländischer Versandhandelsapotheken bezieht, ist sie zur Abgabe von Umsatzsteuervoranmeldungen gemäß § 18 Abs. 1 UStG verpflichtet. Steuersubjekt ist die gesetzliche Krankenkasse, sodass diese einheitlich für alle von ihr unterhaltenen steuerpflichtigen Tätigkeiten eine einzige Umsatzsteuervoranmeldung abzugeben hat.

Gemäß § 18 Abs. 1 Satz 1 UStG besteht für den Steuerpflichtigen grundsätzlich die Verpflichtung, bis zum 10. Tag nach Ablauf eines jeden Voranmeldungszeitraums eine Voranmeldung nach amtlich vorgeschriebenem Datensatz durch Datenfernübertragung nach Maßgabe der Steuerdaten-Übermittlungsverordnung zu übermitteln. Auf Antrag kann das Finanzamt zur Vermeidung von unbilligen Härten auf eine elektronische Übermittlung verzichten. Die Vorauszahlung ist am 10. Tag nach Ablauf des Voranmeldungszeitraums fällig. Da sowohl in der Jahreserklärung als auch in der Voranmeldung die Steuer durch den Unternehmer selbst zu berechnen ist, sind die Steuererklärungen Steueranmeldungen i. S. d. § 150 Abs. 1 Satz 3 AO. Unterjährige Änderungen können durch jeweilige Änderung der Umsatzsteuervoranmeldung im betreffenden Zeitraum korrigiert werden.

Gemäß § 18 Abs. 2 UStG ist der Voranmeldungszeitraum grundsätzlich das Kalendervierteljahr. Beträgt die Steuer für das vorangegangene Kalenderjahr mehr als EUR 7500, ist der Kalendermonat Voranmeldungszeitraum. In diesem Fall ist beispielhaft die Voranmeldung für den Monat Januar auf amtlichen Vordrucken am

---

[5]Vgl. § 35a Abs. 1 SGB IV.

10. Februar beim Finanzamt einzureichen. Der Unternehmer kann jedoch anstelle des Kalendervierteljahres den Kalendermonat als Voranmeldungszeitraum wählen, wenn sich für das vorangegangene Kalenderjahr ein Überschuss zu seinen Gunsten von mehr als EUR 7500 ergibt. In diesem Fall hat der Unternehmer bis zum 10. Februar des laufenden Kalenderjahres eine Voranmeldung für den ersten Kalendermonat abzugeben. Die Ausübung des Wahlrechts bindet den Unternehmer für dieses Kalenderjahr.

Beträgt die Steuer für das vorangegangene Kalenderjahr nicht mehr als EUR 1000, kann das Finanzamt den Unternehmer von der Verpflichtung zur Abgabe der Voranmeldungen und Entrichtung der Vorauszahlungen befreien.

Zur Vermeidung von unbilligen Härten wird dem Steuerpflichtige die Möglichkeit eingeräumt, eine Dauerfristverlängerung nach § 18 Abs. 6 UStG i. V. m. § 46 Umsatzsteuerdurchführungsverordnung (UStDV) zur Abgabe der Voranmeldungen zu beantragen. In diesem Fall werden die Fristen zur Übermittlung der Voranmeldung und die Entrichtung der Vorauszahlung jeweils um einen Monat verlängert. Die Fristverlängerung ist bei einem Steuerpflichtigen der die Voranmeldungen monatlich zu übermitteln hat, unter der Auflage zu gewähren, dass dieser eine Sondervorauszahlung auf die Steuer eines jeden Kalenderjahres entrichtet. Die Sondervorauszahlung beträgt ein Elftel der Summe der Vorauszahlungen für das vorangegangene Kalenderjahr.

Sonstige Meldepflichten

Neben der Umsatzsteuervoranmeldung bestehen weitere Meldepflichten für innergemeinschaftliche Lieferungen. So hat der Steuerpflichtige bis zum 25. Tag nach Ablauf jedes Kalendermonats, in dem er innergemeinschaftliche Warenlieferungen oder innergemeinschaftliche Dreiecksgeschäfte ausgeführt hat, dem Bundeszentralamt für Steuern eine Meldung nach amtlich vorgeschriebenem Datensatz durch Datenfernübertragung nach Maßgabe der Steuerdaten-Übermittlungsverordnung zu übermitteln, in der er Angaben zu innergemeinschaftlichen Lieferungen nach Maßgabe des § 18 Abs. 7 UStG zu machen hat. Diese sogenannten Zusammenfassenden Meldungen stellen in der Regel kein Problemfeld für Krankenkassen dar, daher wird auf weitere Ausführungen hierzu verzichtet.

2.3 Umsatzsteuerjahreserklärung

Die Pflicht zur Abgabe einer Umsatzsteuerjahreserklärung ergibt sich für Körperschaften des öffentlichen Rechts, die steuerpflichtige Umsätze ausführen, aus § 18 Abs. 3 UStG. Demnach hat der Unternehmer für den Besteuerungszeitraum eine Steuererklärung nach amtlich vorgeschriebenem Datensatz durch Datenfernübertragung nach Maßgabe der Steuerdaten-Übermittlungsverordnung zu übermitteln, in der er die zu entrichtende Steuer oder den Überschuss, der sich zu seinen Gunsten ergibt, nach § 16 Absatz 1 bis 4 und § 17 selbst zu berechnen hat. Die Abgabefrist bestimmt sich nach § 149 Abs. 2 AO. Die Erklärung ist grundsätzlich bis zum 31.05. bzw. ab 2017 zum 31.07. des Folgejahres beim Finanzamt einzureichen.

Steuerpflichtigen, die ihre Steuererklärung von einem Angehörigen der steuerberatenden Berufe erstellen lassen, wird in aller Regel auf der Grundlage der gleich lautenden Erlasse der obersten Finanzbehörden der Länder[6] eine Fristverlängerung bis zum 31.12. des Folgejahres bzw. ab 2017 zum 28./29.02. des übernächsten Jahres gewährt. Darüber hinaus scheiden weitere Fristverlängerungen grundsätzlich aus.

Auf Antrag kann das Finanzamt zur Vermeidung von unbilligen Härten auf eine elektronische Übermittlung verzichten; in diesem Fall hat der Unternehmer eine Steueranmeldung nach amtlich vorgeschriebenem Vordruck abzugeben und eigenhändig zu unterschreiben[7].

Ergibt sich aus der Umsatzsteuererklärung ein von der Summe der Vorauszahlungen abweichender Betrag, so ist der Unterschiedsbetrag zugunsten des Finanzamts einen Monat nach dem Eingang der Steueranmeldung automatisch ohne weitere Mitteilung fällig. Setzt das Finanzamt die zu entrichtende Steuer oder den Überschuss abweichend von der Steueranmeldung für das Kalenderjahr fest, so ist der Unterschiedsbetrag zugunsten des Finanzamts einen Monat nach der Bekanntgabe des Steuerbescheids fällig. Wird die Umsatzsteuer nicht bis zum Ablauf des Fälligkeitstages entrichtet, so ist für jeden angefangenen Monat der Säumnis ein Säumniszuschlag von 1 % des abgerundeten rückständigen Steuerbetrags zu entrichten; abzurunden ist auf den nächsten durch EUR 50 teilbaren Betrag. Zur Vermeidung von Säumniszuschlägen, die kraft Gesetzes entstehen, ist die Einhaltung der Zahlungsfrist unbedingt geboten.

---

[6]Vgl. Gleichlautende Ländererlasse vom 04.01.2016 und Gleich lautende Erlasse der obersten Finanzbehörden der Länder vom 23.02.2006 über Steuererklärungsfristen, BStBl I, 2006, 234.

[7]Die Ausnahme wird äußerst eng ausgelegt und kommt faktisch nicht zum Tragen, vgl. hierzu FG Niedersachsen Urteil v. 20.10.2009, Az. 5 K 149/05, EFG 2010 S. 277.

2.4 Sonstige steuerliche Meldungen

2.4.1 Meldepflicht für Beiträge und Beitragsrückerstattungen

Gesetzliche Krankenkassen sind gemäß § 10 Abs. 2a S. 4 Nr. 2 EStG verpflichtet, Beiträge und Beitragsrückerstattungen elektronisch an die Finanzverwaltung zu melden. Die entsprechenden Vorkehrungen für die elektronische Meldung der Beiträge ist in den EDV-Systemen der Kassen regelmäßig vorhanden. Problematisch ist allerdings der Umfang der Meldepflicht, soweit es um Beitragsrückerstattungen geht. Für die Zeiträume 2010 bis 2016 hat die Finanzverwaltung lt. BMF-Schreiben vom 29. März 2017 auf die Übermittlung korigierter Daten verzichtet. Hier soll eine Papierbescheinigung im Einzelfall ausreichen, wenn der Versicherte diese anfordert.

Beitragserstattungen sind insbesondere bei Bonusprogrammen gesetzlicher Krankenkassen problematisch, wenn es sich nicht im eigentlichen Sinne um eine Erstattung von Beiträgen handelt. So hatte der BFH über einen Fall zu entscheiden (BFH Urteil vom 1.6.2016 (Az. X R 17/15) in dem die betroffene Krankenkasse auch solche Leistungen an den Versicherten als Beitragsrückerstattung gemeldet hatte, denen eine Kostenerstattung für Vorsorgemaßnahmen zugrunde lag. Dieser Fall war Ausgangspunkt für eine Grundsatzentscheidung des BFH, die zu nach wie vor nicht vollständig geklärten Folgefragen geführt hat.

Ein Bonusprogramm führt nach dem Urteil des BFH dann nicht zu einer Beitragsrückgewähr, wenn der Versicherte zuvor Kosten für zusätzliche Gesundheitsmaßnahmen getragen hat und diese ihm nachträglich aufgrund eines Kostennachweises erstattet werden. Das Bundesministerium der FInanzen (BMF) hat in seinem Schreiben vom 6.12.2016 eine insoweit engere Auffassung vertreten, als eine Beitragsrückgewähr schon vorliegen soll, wenn ein bestimmtes Handeln des Versicherten vorgegeben wird, auch wenn dieses mit Aufwand verbunden ist. Im Detail ist vieles noch ungeklärt. So hat eine Stellungnahme des GKV-Spitzenverbands für Unruhe gesorgt, nach der auch die „Mitglieder werben Mitglieder" Programme zu einer Beitragsrückgewähr führen sollen. Dies ist unseres Erachtens aber weder aus den vorliegenden BMF-Schreiben noch aus dem Gesetzestext heraus begründbar, so dass diese Zahlungen nicht als Beitragsrückgewähr meldepflichtig sind.

2.4.2 Meldungen zum Statistischen Bundesamt

Die steuerpflichtigen innergemeinschaftlichen Umsätze – für gesetzliche Krankenkassen im wesentlichen die Umsätze mit Auslandsapotheken – sind gemäß des vom statistischen Bundesamt veröffentlichten Warenverzeichnisses einzuteilen und monatlich unmittelbar an das statistische Bundesamt in elektronischer Form zu melden. Die zu verwendenden Kategorisierungen von pharmazeutischen Erzeugnissen ist in Kapitel 30 des Warenverzeichnisses zu finden, eine allgemeingültige Sammelnummer für Medikamente existiert nicht. Nach § 15 Abs. 3 BStatG ist die Meldung innerhalb der von den statistischen Ämtern des Bundes und der Länder gesetzten Fristen zu erteilen. Das statistische Bundesamt schreibt die Abgabe der Meldung spätestens am 10. Arbeitstag nach Ablauf des Bezugsmonats vor. Da das Bundesamt den Auskunftspflichtigen die Online-Meldeverfahren IDEV (https://www-idev.destatis.de) sowie eSTATISTIK.core (https://core.estatistik.de) zur Verfügung stellt, sind die Meldungen nach § 11a Abs. 2 BStatG verpflichtend in elektronischer Form einzureichen. Zur Vermeidung unbilliger Härten kann jedoch auf Antrag eine Ausnahme zugelassen werden (§ 11a Abs. 2 Satz 2 BStatG). Grundsätzlich erlaubt Artikel 7 Abs. 3 der Verordnung (EG) Nr. 638/04 den Meldepflichtigen die Bereitstellung der Informationen Dritten zu übertragen, doch wird ihre Verantwortung hierdurch in keiner Weise eingeschränkt.

Wert- oder Mengenangaben sind sorgfältig zu schätzen, falls sie nicht bekannt sind. Weichen die endgültigen Angaben von der Schätzung ab, ist eine Berichtigung vorzunehmen. Ebenfalls sind Berichtigungen von fehlerhaften Meldungen vorzunehmen, wenn sie das aktuelle oder das vorangegangene Kalenderjahr betreffen.

Artikel 10 Abs. 1 der Verordnung (EG) Nr. 638/04 sieht bei Unterschreiten eines Schwellenwertes, ausgedrückt als jährlicher Wert des innergemeinschaftlichen Warenverkehrs, die Möglichkeit einer Befreiung von der Meldepflicht vor. Die hierfür zu unterschreitende Höhe wird von jedem Mitgliedstaat für Eingänge und Versendungen getrennt festgelegt (Artikel 10 Abs. 2 der Verordnung [EG] Nr. 638/04). Durch § 30 Abs. 4 Außenhandelsstatistik-Durchführungsverordnung (AHStatDV) wurden für Deutschland die Anmeldeschwellen, unterhalb derer Auskunftspflichtige von der Bereitstellung von Informationen zur Intrahandelsstatistik befreit sind, jeweils bezogen auf den Wert der Warenverkehre des vorangegangenen Kalenderjahres für die Versendung auf EUR 500.000 und für den Eingang auf EUR 800.000 festgelegt. Werden die Schwellen im laufenden Kalenderjahr überschritten, müssen mit Beginn des Kalendermonats, in dem die Schwellen zum ersten Mal überschritten werden, entsprechende Meldungen abgegeben werden. Zu beachten ist, dass das statistische Bundesamt keine automatische Benachrichtigung an die Auskunftspflichtigen über ihre Meldepflicht verschickt. Die Verpflichtung zur Meldung entsteht automatisch mit dem Überschreiten des Schwellenwertes. Entsprechendes gilt auch für den Wegfall der Meldepflicht. Demzufolge müssen ehemals meldepflichtige Parteien keinen Antrag auf Befreiung von der Auskunftspflicht stellen.

Bußgeld
Artikel 7 Abs. 3 der Verordnung (EG) Nr. 638/04 sieht bei einer Verletzung der einer für die Bereitstellung der Informationen zuständigen Partei aus der Verordnung erwachsenden Pflichten eine Ahnung durch von den Mitgliedstaaten festzulegenden Sanktionen vor. Nach § 23 BStatG können Meldungen zur Intrahandelsstatistik an das statistische Bundesamt die vorsätzlich oder fahrlässig

- nicht,
- nicht richtig,
- nicht vollständig,
- nicht rechtzeitig oder
- nicht elektronisch über die zur Verfügung gestellten Online-Verfahren erteilt werden mit einer Geldbuße von bis zu EUR 5000 geahndet werden.

Frist
Die monatlichen Meldungen sind bis zum 10. Arbeitstag des Folgemonats einzureichen. Die Einhaltung dieser Frist ist für gesetzliche Krankenkassen, die regelmäßig die Abrechnungen von Versandhandelsapotheken erst zum Ende des Folgemonats über ihre Abrechnungszentren erhalten, objektiv unmöglich. Diese Besonderheiten der Träger der gesetzlichen Krankenversicherung führen jedoch nicht zu einer Dauerfristverlängerung oder zur Befreiung von der Meldepflicht. Eine solche Verlängerung, wie sie z. B. bei der Umsatzsteuer-Voranmeldung beantragt werden kann, ist bei der Abgabe der Meldung zur Intrahandelsstatistik nicht vorgesehen. Der Leitfaden zur Intrahandelsstatistik des statistischen Bundesamtes schließt überdies eine Fristverlängerung aus:

Die Meldungen sind spätestens am **10. Arbeitstag** nach Ablauf des Bezugsmonats unmittelbar an das Statistische Bundesamt abzugeben. Eine Fristverlängerung über den 10. Arbeitstag hinaus ist **nicht** möglich, auch dann nicht, wenn beispielsweise für die Abgabe der Umsatzsteuer-Voranmeldung eine Dauerfristverlängerung vom Finanzamt gewährt wurde.

Zwar werden die Auskunftspflichtigen im Hinblick auf die zeitgerechte Übermittlung der Daten durch das Bundesamt überwacht, jedoch bleibt, aufgrund des Kontrollprozesses des statistischen Bundesamtes, in dem die gemeldeten Daten mit den von den Finanzämtern erhaltenen Daten aus den Umsatzsteuer-Voranmeldungen abgeglichen werden, eine spätere Meldung zurzeit (noch) folgenlos, solange sie in kurzer Frist nach der Umsatzsteuervoranmeldung eingereicht wird.

Inhalt

Die Einteilung der steuerpflichtigen innergemeinschaftlichen Umsätze in die entsprechenden Warenkategorien des Warenverzeichnisses des statistischen Bundesamtes ist, aufgrund der fehlenden Übermittlung der hierfür notwendigen Informationen durch die Versandhandelsapotheken respektive Lieferanten, meist nur mit unverhältnismäßigem hohen finanziellen Aufwand möglich. Anstatt einer aufwendigen manuellen Nacharbeit durch die Krankenkasse, scheint es empfehlenswert, die Lieferanten über die Versandhandelsapotheken zur Weitergabe der benötigten Informationen aufzufordern.

Tax-Compliance-Systeme 3

3.1 Begriff

Der Begriff „Compliance" leitet sich aus dem englischen Ausdruck „to comply with" ab und zielt somit auf die Einhaltung bestimmter Vorgaben ab. Ursprünglich aus dem Bankenbereich stammend, wurde Compliance anfänglich als „Verhalten in Übereinstimmung bzw. im Einklang mit geltendem Recht" verstanden. Dieser Grundsatz ist jedoch in allen Rechtsstaaten eine selbstverständliches Prinzip und erfuhr die entsprechende Kritik: *„Die Binsenweisheit, dass Unternehmen Gesetze einhalten müssen heißt nun Compliance"*[1].

In den letzten Jahren entwickelte sich das Begriffsverständnis weiter, eine anerkannte und einheitliche Definition fehlt jedoch weiterhin. Versucht man die bestehenden Definitionen zu einer herrschenden Meinung zusammenzufassen, beinhaltet Compliance neben der Einhaltung der für ein Unternehmen relevanten rechtlichen Aspekte (Compliance im engeren Sinne), auch die Beachtung und Befolgung aller (unternehmens-)ethischen und organisationsinternen Handlungs- und Verhaltensregeln (Compliance im weiteren Sinne).

Die Oberziele des Compliance Managements lassen sich aus dem unterstellten primären Ziel der nachhaltigen Existenzsicherung ableiten. Compliance-Verstöße können große Schäden verursachen, aus denen nicht nur unmittelbar finanzielle Nachteile wie z. B. Schadensersatzzahlungen und Bußgelder entstehen, sondern auch mittelbare. Hierunter sind u. a. Reputationsschäden und der damit einhergehende Verlust von Kunden bzw. Mitgliedern, zu zählen, wodurch weitere finanzielle

---

[1]Schneider, Compliance als Aufgabe der Unternehmensleitung, ZIP – Zeitschrift für Wirtschaftsrecht 2003.

© Springer Fachmedien Wiesbaden GmbH, ein Teil von Springer Nature 2018
R. Kohlhepp, *Besteuerung gesetzlicher Krankenkassen*, essentials,
https://doi.org/10.1007/978-3-658-22456-1_3

Einbußen entstehen können. Dieser Sachverhalt steht einer nachhaltigen Existenzsicherung entgegen, Compliance-Verstöße können folglich zum existenziellen Risiko werden. Infolgedessen rücken Maßnahmen zur Schadensverhinderung und -minimierung in den Fokus des Unternehmensinteresses. Insgesamt lassen sich drei Ziele eines Compliance-Systems ableiten:

• Haftungsprävention
  Durch ein effizientes Compliance-Management können die Schadensersatzansprüche von Dritten gegenüber der Gesellschaft und von der Gesellschaft gegenüber den Geschäftsführern vermieden werden.
• Schadensbegrenzung
  Nur durch frühzeitige Aufdeckung von Regelverstößen erhält das Compliance-Management die Möglichkeit kurzfristig Gegenmaßnahmen einzuleiten und den entstehenden Schaden möglichst gering zu halten.
• Reputationserhalt und -aufbau

Tax Compliance stellt eine Teilmenge des regelmäßig weiterreichenden Compliance-Systems dar. Der Begriff Tax umfasst dabei sämtliche Steuern und Abgaben sowie alle steuerlichen Nebenleistungen. Für gesetzliche Krankenkassen leigt das Ziel eines Tax-Compliance-Systems darin,

• Vermeidung eines Reputationsschadens durch etwaige negative Berichterstattung bei nichterfüllung steuerlicher Pflichten
• Stärkung der Wirtschaftlichkeit des Verwaltungshandelns durch die Vermeidung späterer (kostenintensiver) Datennacherhebungen und Rechtsverteidigungskosten aber auch durch die Kontrolle der Kostenrechnungen von Leistungserbringern, die ggf. steuerfreie oder steuerbegünstigte Leistungen mit Umsatzsteuer abrechnen (vgl. Zytostatika-Fälle)
• Haftungsprävention für den Vorstand als verantwortlichen für die Einhaltung der steuerlichen Pflichten.

3.2 Rechtliche Grundlagen

Noch ist im deutschen Recht keine Gesetzesnorm verankert, die allgemeingültig Unternehmen zur Einführung von Compliance-Maßnahmen verpflichtet. Es existieren jedoch mehrere spezielle Rechtspflichten, die Unternehmen den Aufbau einer Compliance-Funktion verbindlich vorschreiben. Für Wertpapierdienstleistungsunternehmen ergibt sich diese Pflicht aus § 33 Abs. 1 Nr. 1 Wertpapierhandelsgesetz, dort heißt es:

... wobei insbesondere eine dauerhafte und wirksame Compliance-Funktion einzurichten ist, die ihre Aufgaben unabhängig wahrnehmen kann.

Eine Konkretisierung der Mindestanforderungen an diese Compliance-Funktion erfolgte durch das Rundschreiben „Mindestanforderungen an Compliance" (MaComp) der Bundesanstalt für Finanzdienstleistungsaufsicht von Juni 2010. In § 29 Abs. 2 Versicherungsaufsichtsgesetz (in der Fassung von 2016) lässt sich eine vergleichbare Vorschrift für Versicherungsunternehmen finden, ähnliche Pflichten schreibt § 25a Kreditwesengesetz für Kreditinstitute vor.

Für Unternehmen anderer Branchen ist es umstritten ob eine Rechtspflicht zur Einführung von Compliance-Maßnahmen besteht. Bürkle[2] argumentiert, dass durch die Einführung des Begriffes Compliance im Deutschen Corporate Governance Kodex (DCGK) und aufgrund der terminologischen Systematik des DCGK eine Rechtspflicht zumindest für Aktiengesellschaften besteht und es keine reine Empfehlung sei. Mailänder[3] sieht die Pflicht zur Umsetzung von Compliance-Maßnahmen in der Sorgfaltspflicht der Vorstandsmitglieder nach § 93 Abs. 1 S. 1 Aktiengesetz (AktG) begründet. Vetter[4] führt an, dass Compliance Management ein Element des Risikofrüherkennungs- und Überwachungssystems ist, zu dessen Einrichtung der Vorstand nach § 91 Abs. 2 AktG verpflichtet ist. Aufgrund der Ausstrahlungswirkung des AktG gilt dieser Zusammenhang auch für den Vorstand einer GmbH.

Hauschka[5] ist anderer Auffassung. Er führt an, dass die Entscheidung über die Einführung von Compliance-Maßnahmen von der Eigeneinschätzung der Leitungsorgane über ihre Kompetenz und den ihnen vorliegenden Informationen abhängig ist und argumentiert somit auf Grundlage der Business Judgement Rule nach § 93 Abs. 1 S. 2 AktG. Der Arbeitskreis Externe und Interne Überwachung

---

[2]Vgl. Bürkle, Corporate Compliance als Standard guter Unternehmensführung des Deutschen Corporate Governance Kodex, in BB 2007, S. 1799 ff.

[3]Vgl. Mailänder, Compliance in mittelständischen Unternehmen, in Business and Law 2009, S. 22 f.

[4]Vgl. Vetter, Compliance in der Unternehmerpraxis, in Wecker, G./van Laak, H. (Hrsg.), Compliance in der Unternehmerpraxis 2008, S. 33–47.

[5]Vgl. Hauschka, Corporate Compliance. Handbuch der Haftungsvermeidung im Unternehmen 2007, S. 3 ff.

der Unternehmung der Schmalenbach-Gesellschaft für Betriebswirtschaft[6] kommt aufgrund der einschlägigen Rechtsprechung zu einem vergleichbaren Ergebnis. Auch Klein beruft sich auf den Ermessensspielraum des Vorstandes nach § 93 Abs. 1 S. 2 AktG und stellt zur Frage ob die allgemeine Sorgfaltspflicht auf Compliance-Risiken anzuwenden ist. Da in der jüngeren Rechtsprechung die Berufung des Kassenvorstands auf die Business-Judgement-Rule von den Gerichten mehr und mehr verneint wird, darf man bei gesetzlichen Krankenkassen davon ausgehen, dass auch von der Einführung eines Tax-Compliance-Systems nicht unter Verweis auf diese abgesehen werden kann.

Spätestens seit dem Urteil des LG München I vom 10. Dezember 2013[7], in dem das Gericht den Vorstand eines börsennotierten Unternehmens wegen eines unzureichenden Compliance-Systems auf Schadensersatz in Millionenhöhe verurteilt hat, scheint – nicht nur für Aktiengesellschaften – die Diskussion zur Notwendigkeit eines Compliance-Systems neue Fahrt aufgenommen zu haben. Hierin macht das Landesgericht in seiner Urteilsbegründung klar, dass ein Vorstandsmitglied dafür Sorge zu tragen hat, dass das Unternehmen so organisiert und beaufsichtigt wird, dass keine Gesetzesverletzungen stattfinden. Einer derartigen Organisationspflicht genügt der Vorstand bei entsprechender Gefährdungslage nur dann, wenn er eine auf Schadensprävention und Risikokontrolle angelegte Compliance-Organisation einrichtet, ohne dass es entscheidungserheblich darauf ankäme, ob diese Pflicht bereits unmittelbar aus § 91 Abs. 2 AktG oder aus der allgemeinen Leistungspflicht der §§ 76 Abs. 1, 93 Abs. 1 AktG herzuleiten ist.

Nun kann argumentiert werden,

- dass eine Compliance-Pflicht nach Aktiengesetz, auch unter Berücksichtigung der Ausstrahlungswirkung der entsprechenden Paragrafen auf andere Gesellschaftsformen (wie in der Gesetzesbegründung zum Gesetz zur Kontrolle und Transparenz im Unternehmensbereich beschrieben), nicht für gesetzliche Krankenkassen gilt, da diese als Körperschaften des öffentlichen Rechts keine Gesellschaften darstellen und
- dass die allgemeine Leistungspflicht des Vorstandes von Versicherungsträgern nach § 35 SGB IV ebenfalls keine solche Pflicht vorsieht.

---

[6]Vgl. o. V., Schmalenbach-Gesellschaft, Compliance: 10 Thesen für die Unternehmenspraxis, in DB 2010, S. 1509–1518.

[7]Vgl. LG München I vom 10. Dezember 2013 – 5 HK O 1387/10 (nicht rechtskräftig), zweiter Leitsatz: „Die Einhaltung des Legalitätsprinzips und demgemäß die Einrichtung eines funktionierenden Compliance-Systems gehört zur Gesamtverantwortung des Vorstands."

Für den Teilbereich des Tax-Compliance-Systems sind jedoch weitere, Vorschriften zu berücksichtigen. So verpflichten die §§ 34, 35 Abgabenordnung (AO) die gesetzlichen Vertreter, rechtsformunabhängig, zur Pflichterfüllung der Steuergesetze. Darüber hinaus hat das Bundesministerium der Finanzen den Anwendungserlass zu § 153 der Abgabenordnung angepasst. Darin heißt es, dass die Anzeige- und Berichtigungspflicht nach § 153 Abs. 1 S. 1 AO besteht, wenn ein Steuerpflichtiger, bzw. sein gesetzlicher Vertreter, sein Gesamtrechtsnachfolger oder eine andere in § 153 Abs. 1 S. 2 AO genannte Person nachträglich erkennt, dass eine von ihm oder für ihn abgegebene Erklärung objektiv unrichtig oder unvollständig ist und dass es dadurch zu einer Steuerverkürzung gekommen ist oder kommen kann. Ein Fehler, der dem Anzeige- und Berichtigungspflichtigen im Sinne des § 153 AO unterlaufen ist, ist straf- bzw. bußgeldrechtlich nur vorwerfbar, wenn er vorsätzlich bzw. leichtfertig begangen wurde. Ein straf- oder bußgeldrechtlich vorwerfbares Verhalten kann auch dann vorliegen, wenn die Unrichtigkeit oder Unvollständigkeit der abgegebenen Erklärung erkannt, aber keine (ggf. auch erneute) Berichtigung entsprechend der Verpflichtung aus § 153 AO vorgenommen wurde. Für Steuerhinterziehung reicht von den verschiedenen Vorsatzformen bereits bedingter Vorsatz aus. Dieser kommt in Betracht, wenn der Täter die Tatbestandsverwirklichung für möglich hält. Es ist nicht erforderlich, dass der Täter die Tatbestandsverwirklichung anstrebt oder für sicher hält. Nach der BGH-Rechtsprechung ist für die Annahme des bedingten Vorsatzes neben dem Für-Möglich-Halten der Tatbestandsverwirklichung zusätzlich erforderlich, dass der Eintritt des Taterfolges billigend in Kauf genommen wird. Für die billigende Inkaufnahme reicht es, dass dem Täter der als möglich erscheinende Handlungserfolg gleichgültig ist. Leichtfertigkeit hingegen ist eine besondere Form der Fahrlässigkeit und liegt vor, wenn jemand in besonders großem Maße gegen Sorgfaltspflichten verstößt und ihm dieser Verstoß besonders vorzuwerfen ist, weil er den Erfolg leicht hätte vorhersehen oder vermeiden können.

Hat der Steuerpflichtige allerdings ein innerbetriebliches Tax-Compliance-System eingerichtet, kann dies nach dem Anwendungserlass zur Abgabenordnung (AEAO) ggf. ein Indiz darstellen, das gegen das Vorliegen eines Vorsatzes oder der Leichtfertigkeit sprechen kann.

3.3   Aufbau und Implementierung

Tax Compliance gehört zur Organisations- und Leitungsverantwortung der gesetzlichen Vertreter, die Verankerung eines entsprechenden Systems muss durch die Geschäftsleitung erfolgen. Tax Compliance gilt dabei materiell als auch formell.[8] Die materielle Tax Compliance erfordert die Wertentscheidung zur Einhaltung der für das Unternehmen geltenden Vorschriften. Die formelle Tax Compliance zielt hingegen auf die Einführung einer Organisationsstruktur ab, die geeignet und wirksam ist, diese Zielsetzung zu erreichen. Hierfür ist eine Einrichtung einer Aufbau- und Ablauforganisation erforderlich, die

- die Einhaltung aller für das Unternehmen relevanten Steuergesetze
- unter Berücksichtigung der Chancen zur Steueroptimierung
- bei gleichzeitiger Vermeidung von Risiken

sicherstellt.

Ein Tax-Compliance-System muss dabei auf das jeweilige Unternehmen zugeschnitten sein. Unterschiede ergeben sich u. a. aufgrund der Größe, Struktur, Organisation, Prozesse, Tätigkeitsfelder, Systeme und (grenzüberschreitender) Beschaffungswege. Bei kleineren Unternehmen kann es genügen, dass klare Vorgaben von der Unternehmensführung vorgelegt werden und die Einhaltung dieser Vorgaben durch das Controlling oder die Interne Revision überwacht wird. In größeren Unternehmen reicht dies indes nicht aus. Hier muss die Unternehmensführung die Verantwortung zur Umsetzung und Überwachung bestimmten Mitarbeitern oder Abteilungen übertragen und ein entsprechendes Regelwerk entwickeln. In allen Fällen ist eine klare Zuweisung der Verantwortlichkeiten und Definition der Aufgaben, einschließlich Vorgaben zu den Berichtsstrukturen, notwendig. Entscheidend dabei ist, dass das System auf das Unternehmen und dessen steuerlichen Risiken zugeschnitten wird.[9] Ein beispielhafter Aufbau kann der folgenden Abbildung entnommen werden.

---

[8]Vgl. Kowallik, Das interne Kontrollsystem für Steuern, in DB 2015, S. 2775.
[9]Vgl. Ehnert, in: Streck/Mack/Schwedhelm, Tax Compliance, 2010, S. 66.

Compliance-Kultur				
Steuerstrategie				
Organisationshandbuch				
Steuerliche Kernaufgaben				
Erfüllung von Steuererklärungs-pflichten	**Sicherstellung von Aufbewahrungs-pflichten**	**Externe steuerliche Berichterstattung**	**Steuerliches Risiko-management**	**Gerichtsverfahren**
Steuererklärungen	Gewährleistung des Datenzugriffs	Laufende Steuern	Laufende Erfassung und Überwachung steuerlicher Risiken	Beantwortung von Anfragen der Finanzverwaltung
Steueranmeldungen	Extraktion von Daten nach Vorgaben der Finanzverwaltung	Steuerrisiken	Maßnahmen zur Risikosenkung	Einsprüche
Steuerbescheid-prüfung	Erstellung von Verfahrens- und Prozess-dokumentationen		Bewertung für externe Berichterstattung	Finanzgerichts-verfahren
Steuervoraus-zahlungen			Erfolgsmessung	Rechtsbehelfe
Fristenkontrolle			Reaktionskontrolle	Beraterauswahl
Dokumentation			Eskalationsprozesse	Bewertung für externe Berichterstattung
Richtlinien, Risikomanagement				
Mitarbeiterqualifikation				
Steuerliches Berichtswesen				

Compliance-Kultur

Die Compliance-Kultur bildet die Grundeinstellungen und Verhaltensweisen der Organe und Mitglieder ab und stellt somit die Grundlage für ein Tax-Compliance-System dar. Diese Kultur beeinflusst die Bedeutung, die die Mitarbeiter der Beachtung und Einhaltung von Regeln beimessen. Regelkonformität in einem Unternehmen fängt bei der Unternehmensspitze an. Sie muss sich öffentlich zur Rechtstreue bekennen und sich uneingeschränkt dazu verpflichten (sog. Commitment). Dieses Signal ist notwendig, um auch die Mitarbeiter von der Wichtigkeit des Themas zu überzeugen und ist nur dann wirkungsvoll, wenn es glaubwürdig kommuniziert wird.[10] Zur Compliance-Kultur gehört auch die Beurteilung durch die Organe, ob Steuern als Kostenfaktor oder als gesellschaftliche Verpflichtung verstanden werden.[11]

Steuerstrategie

Eine weitere wesentliche Grundlage für ein Tax-Compliance-System stellt die Steuerstrategie dar, die auf Basis der Unternehmensstrategie und Grundeinstellung der Organe erstellt wird. Sie beinhaltet mindestens die Zielsetzungen, das steuerliche Risikoprofil und die Aufgabenstellungen der Steuerfunktion.[12] In die Steuerstrategie sollten quantitative und qualitative Zielsetzungen einfließen. Quantitative Aspekte beabsichtigen eine Steueroptimierung, qualitative Zielsetzungen sind u. a. die Einhaltung der geltenden Rechtspflichten, der Effizienz der Steuerfunktion und zuzuordnender Beratungskosten, der frühzeitigen Erfassung und Vermeidung steuerlicher Risiken, der Transparenz der Berichterstattung, sowie der Kommunikation.[13]

Für gesetzliche Krankenkassen wird eine Steuerstrategie immer auf die Identifikation von steuerrelevanten Themen mit dem Ziel einer gesetzeskonformen Deklaration gerichtet sein.

Organisationshandbuch

Für ein angemessenes und wirksames Tax-Compliance-System ist es erforderlich, dass eindeutige schriftliche Richtlinien und dokumentierte Strukturen für die betroffenen Abteilungen und Mitarbeiter sowie transparente Strukturen bestehen und diese dokumentiert sind. Die Verantwortlichkeiten und Prozesse müssen aufeinander abgestimmt sein und sich nahtlos ineinander fügen.[14] Zentraler Baustein ist hierfür ein Organisationshandbuch Steuern, dass nicht nur an die Mitarbeiter mit steuerlichen Aufgaben, sondern auch an Mitarbeiter anderer Bereiche mit steuerlich relevanten Sachverhalten (u. a. Controlling, Recht, Rechnungswesen) adressiert ist. Hinzu kommen weitere Adressaten, z. B. die Interne Revision, Compliance-Verantwortliche, Wirtschaftsprüfer, Steuerberater und die Finanzverwaltung. Das Organisationshandbuch kann dabei u. a. die unten dargestellten Richtlinien und

---

[10]Vgl. Lampert, Compliance Organisation, in Hauschka, Corporate Compliance, 2007, S. 148.

[11]Vgl. Spengel/Matenaer, Tax Risk Management, Ubg 10/2011, S. 803.

[12]Vgl. Kromer/Pumpler/Henschel, BB 2013, S. 791.

[13]Vgl. Wecker/Ohl, Compliance in der Unternehmenspraxis, 2013, S. 259.

[14]Vgl. Besch/Starck, in Hauschka, Corporate Compliance, 2010, § 34, Rz. 61.

Anweisungen, Zuständigkeitsregelungen, Vorgaben zu Mitarbeiterqualifikationen und Vorgaben zu Berichts- und Informationspflichten umfassen.

Richtlinien
Richtlinien sollen den Mitarbeitern verbindliche, klare Regeln und Prozesse aufzeigen. Sie können entweder Bestandteil des Organisationshandbuchs Steuern sein, oder separat vorliegen. Die Regelungstiefe sollte dabei von der individuellen Unternehmenssituation abhängig gemacht werden. Folgende Auswahl an Einzelrichtlinien ist denkbar:[15]

- Richtlinie zum Informationsbedarf
- Richtlinie zu Steuerberechnungen und -erklärungen
- Richtlinie zu Fristen und Aufbewahrung
- Richtlinie zu Steuerrisiken
- Richtlinie zur steuerlichen Verteidigung
- Richtlinie zum steuerlichen Berichtswesen

Je nach Ausgestaltung und Notwendigkeit können weitere schriftliche Vorgaben und Arbeitshilfen, z. B. in Form von Checklisten, Verhaltensanweisungen und Zuständigkeitsregeln den Mitarbeitern zur Verfügung gestellt werden.

Für gesetzliche Krankenkassen wird sich nur in Einzelfällen die Notwendigkeit zur Erstellung von Richtlinien ergeben.

Risikomanagement
Ein steuerliches Risikomanagement hat zur Aufgabe, Risiken zu erkennen und zu steuern.[16] Hierfür beinhaltet es im Regelfall folgende Funktionen:[17]

- Risikoidentifikation von steuerrelevanten Tatbeständen
- Risikoanalyse und -bewertung der identifizierten Risiken anhand der Eintrittswahrscheinlichkeit und erwarteter Schadenshöhe

---

[15]Vgl. Besch/Starck, in Hauschka, Corporate Compliance, 2010, § 34, Rz. 64.

[16]Vgl. Budendorfer/Krumm, Stellung der Internen Revision im Rahmen der Unternehmensorganisation, in: Freidank/Peemöller (Hrsg.), Corporate Governance und interne Revision, 2008, S. 51.

[17]In Anlehnung an IDW Prüfungsstandard: Die Prüfung des Risikofrüherkennungssystems nach § 317 Abs. 4 HGB (IDW PS 340).

- Risikokommunikation, u. a. der Bereiche, die sich mit Wagnissen konfrontiert sehen
- Risikohandhabung; Festlegung von Maßnahmen zu Begegnung der Risiken. Dabei ist zu entscheiden, ob das Risiko vermieden, reduziert, auf Dritte überwälzt oder getragen werden soll.
- Risikoüberwachung; beinhaltet die Summe aller im Unternehmen eingeführten Maßnahmen die sicherstellen, dass die Schritte der Risikoidentifizierung, -bewertung, -kommunikation und -handhabung eingehalten werden.

Mitarbeiterqualifikation

Die Effektivität eines Tax-Compliance-Systems hängt maßgeblich auch von den Fähigkeiten und Kenntnissen der hierfür eingebundenen Mitarbeiter ab. Auch müssen die Mitarbeiter anderer Organisationseinheiten über ausreichend Themenbewusstsein verfügen, um ein effektives Tax-Compliance-System zu ermöglichen. Die Mitarbeiterauswahl ist somit neben regelmäßigen Fort- und Weiterbildungen, der Bereitstellung von Richtlinien, Arbeitshilfen, Informationen und klaren Kommunikationsstrukturen ein essenzieller Bestandteil zur Sicherstellung von ausreichenden Kenntnissen. Je nach Unternehmensgröße und Struktur kann es unter Berücksichtigung von wirtschaftlichen Aspekten ratsam sein, benötigtes (Fach-)Personal nicht selbst zu beschäftigen, sondern steuerliche Kernaufgaben an externe Berater auszulagern.

Steuerliches Berichtswesen

Ein steuerliches Berichtswesen sollte regelmäßig erfolgen und mindestens folgende Bestandteile aufweisen:[18]

- Fakten: Entwicklungsdarstellung wichtiger Kennzahlen, Aufzeigen von Regelverstößen
- Risiken: Darstellung der Entwicklung und Bewertung steuerlicher Risiken, eingeleiteter Maßnahmen, Risikoquantifizierung und Eintrittswahrscheinlichkeiten, Schwachstellen
- Status: Aktueller Stand von eingereichten/noch zu bearbeitenden Steuererklärungen, Übersicht über noch offene Zahlungen
- Chancen: Darstellung der Möglichkeiten zur Steuerplanung

---

[18]Vgl. Kowallik, Das interne Kontrollsystem für Steuern, in DB 2015, S. 2778.

Dabei ist die konkrete Ausgestaltung von den individuellen Gegebenheiten des Unternehmens und dem Informationsbedarf seiner Organe abhängig. Erst eine ausreichende Dokumentation und Berichterstattung ermöglicht eine angemessene Überwachung. Werden im Rahmen der Überwachung Schwachstellen oder Regelverstöße festgestellt, werden diese durch das Berichtswesen an die gesetzlichen Vertreter kommuniziert, die sich um die Durchsetzung des Compliance-Systems, die Beseitigung von Mängeln und die Verbesserung des Systems sorgen.

Beurteilung des Tax-Compliance-Systems
Die Angemessenheit und Wirksamkeit des Tax-Compliance-Systems sollte regelmäßig überprüft und beurteilt werden, auch um mögliche Optimierungspotenziale heben zu können. Je nach Mitarbeiterqualifikation kommen hierfür die Interne Revision oder externe Spezialisten (z. B. Steuerberater oder Wirtschaftsprüfer) infrage. Als Richtlinie zur Prüfungsdurchführung ist in diesem Zusammenhang der Prüfungsstandard 980 des Instituts der Wirtschaftsprüfer in Deutschland e. V. (IDW) zu nennen. Gegenstand des Standards ist dabei die Prüfung von Compliance Management Systemen (CMS), wobei Tax-Compliance-Systeme regelmäßig nur einen Teil eines vollumfänglichen CMS darstellen. Der Prüfungsstandard kann jedoch auch für Teilbereiche des CMS angewendet werden.[19] Ziel einer nach dem Standard durchgeführten umfassenden Prüfung ist es dem Prüfer anhand der von dem Unternehmen zugrunde gelegten CMS-Grundsätzen eine Aussage mit hinreichender Sicherheit darüber zu ermöglichen, ob

- die in der Compliance-Beschreibung enthaltenen Aussagen über die Grundsätze und Maßnahmen in allen wesentlichen Belangen angemessen dargestellt sind,
- dass die dargestellten Grundsätze und Maßnahmen in Übereinstimmung mit den angewandten Compliance-Grundsätzen geeignet sind, mit hinreichender Sicherheit sowohl Risiken für wesentliche Regelverstöße rechtzeitig zu erkennen als auch solche Regelverstöße zu verhindern und dass die Grundsätze und Maßnahmen zu einem bestimmten Zeitpunkt implementiert waren und
- während eines bestimmten Zeitraums wirksam waren.[20]

---

[19]Vgl. IDW Prüfungsstandard: Grundsätze ordnungsmäßiger Prüfung von Compliance Management Systemen (IDW PS 980), Tz. 1.
[20]Vgl. IDW Prüfungsstandard: Grundsätze ordnungsmäßiger Prüfung von Compliance Management Systemen (IDW PS 980), Tz. 14.

Auch sieht der Prüfungsstandard die Möglichkeit vor, den Prozess der Entwicklung und Einführung eines CMS prüferisch zu begleiten, solange sich die Prüfungsleistungen nur auf die Konzeption des CMS (Konzeptionsprüfung) oder nur auf die Angemessenheit und Implementierung des CMS beziehen (Angemessenheitsprüfung). Diese Prüfungen stellen keine Prüfung der Wirksamkeit dar und sind in erster Linie an die Unternehmensorgane gerichtet, die an einer unabhängigen Beurteilung des Entwicklungsstands interessiert sind.[21]

---

[21]Vgl. IDW Prüfungsstandard: Grundsätze ordnungsmäßiger Prüfung von Compliance Management Systemen (IDW PS 980), Tz. 15.

Abc der Besteuerung gesetzlicher Krankenkassen

4

Arbeitsgemeinschaften

Leistungen der von Trägern der gesetzlichen Krankenversicherung gegründeten Arbeitsgemeinschaften an Krankenkassen können der Umsatzsteuerpflicht unterliegen, sofern sie nicht gegen echte Mitgliedsbeiträge sondern gegen Entgelte erbracht werden. Während echte Mitgliedsbeiträge zur Erfüllung seines satzungsmäßigen Zwecks erhoben werden, kein Entgelt für eine steuerbare Leistung darstellen und es somit umsatzsteuerlich an einem Leistungsaustausch ermangelt, sind unechte Mitgliedsbeiträge steuerpflichtig da sie den Sonderbelangen einzelner Mitglieder dienen.

Arbeitsgemeinschaften nach dem SGB können in den unterschiedlichsten privatrechtlichen Rechtsformen organisiert sein. Allen ist gemeinsam, dass eine Steuerbefreiung nach Art. 132 MwStSystRL unter bestimmten Voraussetzungen in Betracht kommt.

Auslandsapotheken

Der innergemeinschaftliche Erwerb bestimmter pharmazeutischer Erzeugnisse, die von ausländischen Versandhandelsapotheken ausgeführt werden, unterliegt grundsätzlich der Umsatzsteuerpflicht im Inland als innergemeinschaftlicher Erwerb. Ab einem Wareneingang von EUR 800.000 innerhalb eines Jahres sind die Umsätze dem statistischen Bundesamt im Rahmen der Intrahandelsstatisik zu melden. Die Musterrechnungen der Auslandsapotheken sind nach einem aktuellen Urteil des FG Münster nicht zutreffend, da die Herstellerrabatte nicht zur Bemessungsgrundlage der Lieferungen hinzuzurechnen sind.

© Springer Fachmedien Wiesbaden GmbH, ein Teil von Springer Nature 2018   51
R. Kohlhepp, *Besteuerung gesetzlicher Krankenkassen*, essentials,
https://doi.org/10.1007/978-3-658-22456-1_4

Kostenübernahmen

Erstattet ein Dritter einer Krankenkasse Kosten für Personal oder Verwaltung im Allgemeinen, so ist diese Leistung der Krankenkasse nur dann bis zum 31.12.2016 nicht steuerbar, wenn der Dritte eine juristische Person des öffentlichen Rechts ist.

Landesverbände

Die Landesverbände der Träger der Sozialversicherung sind in der Regel ebenfalls Körperschaften des öffentlichen Rechts mit hoheitlichen Aufgaben. Somit gelten grundsätzlich die für Krankenkassen genannten Regelungen in Bezug auf die Besteuerung der Verbände. Leistungen der Verbände, die nicht die Erfüllung hoheitlicher Aufgaben zum Zwecke haben, können daher ebenso Betriebe gewerblicher Art begründen und daher der Steuerpflicht unterliegen. Steuerbefreiungen, die den Trägern der Sozialversicherung vorbehalten sind, beispielsweise nach § 4 Nr. 15 UStG, können von Landesverbänden jedoch nur geltend gemacht werden, wenn diese Träger der Sozialversicherung sind. Nach einem unveröffentlichten Urteil des FG Baden-Württemberg ist ein Landesverband der Betriebskrankenkassen als Träger der Sozialversicherung im Sinne des UStG anzusehen.

Mitgliederzeitschrift

Der Verkauf von Werbeflächen in einer von einer Krankenkasse herausgegebenen Mitgliederzeitschrift kann aus körperschaftsteuerlicher Sicht die Tatbestandsvoraussetzungen eines Betriebs gewerblicher Art erfüllen und als umsatzsteuerpflichtiger Ansatz anzusehen sein, wenn die jeweiligen Grenzwerte überschritten werden.

Personalleihe

Krankenkassen als Körperschaften des öffentlichen Rechts, die Personal verleihen, etwa an ihre Arbeitsgemeinschaften oder an Softwareunternehmen, unterliegen mit diesen Leistungen potenziell der Umsatz- und Körperschaftsteuerpflicht. Dagegen ist Personalleihe an einen anderen Sozialversicherungsträger umsatzsteuerrechtlich von der Umsatzsteuer befreit.

Trägerunternehmen

Leistungen eines gewerblichen Trägerunternehmens an die angegliederte Krankenkasse unterliegen regelmäßig der Umsatzsteuerpflicht. Dies trifft insbesondere auch für übernommene Post- oder Verwaltungsdienstleistungen zu. Dies erhöht für die Krankenkasse die Kosten um die Umsatzsteuer, zieht jedoch keine weiteren Deklarationspflichten für die Krankenkasse nach sich. Leistungen der Krankenkasse an das eigene Trägerunternehmen können steuerbar und steuerpflichtig sein. Zu nennen sind hier etwa Arbeitgeberregresse, Betriebliches Gesundheitsmanagement, Sonstige Leistungen der Krankenkasse an das Trägerunternehmen.

Überlassung/Vermietung von Parkplätzen
Die kostenfreie oder entgeltliche Überlassung von Parkplätzen unterfällt gem. R 4.5 Abs. 4 S. 3 KStR unter die Vermögensverwaltung, soweit sie ohne weitere Leistungen erfolgt. Somit liegt kein steuerpflichtiger Betrieb gewerblicher Art vor. Umsatzsteuerrechtlich stellt die Zurverfügungstellung von Parkplätzen auf dem Betriebsgelände gem. UStAE zu 1.8 Abs. 4 S. 3 Nr. 5 eine nicht steuerbare Leistung dar, sofern dies überwiegend durch das betriebliche Interesse des Arbeitgebers veranlasst ist. Dies ist regelmäßig anzunehmen, wenn die Maßnahme die dem Arbeitgeber obliegende Gestaltung der Dienstausübung betrifft, insbesondere auch bei der genannten Überlassung von Parkplätzen. Werden die Parkplätze entgeltlich zur Verfügung gestellt, wird auf eine Verfügung der OFD Karlsruhe verwiesen, wonach auch in diesem Falle keine Umsatzbesteuerung durchgeführt wird.[1] Die Handhabung unter der Geltung des neuen § 2b UStG ist noch nicht abschließend geklärt.

Umlagekasse (U1/U2)
Verwaltungskostenerstattungen der Umlagekasse an die Krankenkasse sind Innenumsätze der Krankenkasse, da die Umlagekassen keine eigenständigen Rechtsträger sind. Soweit eine Krankenkasse Umlagekassen für die Versicherten anderer Kassen betreibt sind die Leistungen zwischen den Kassen steuerbefreite Umsätze zwischen Sozialversicherungsträgern.

Verkauf von Verwaltungsvermögen
Der Verkauf von Verwaltungsvermögen ist nur steuerpflichtig, wenn es sich um Verwaltungsvermögen eines Betriebes gewerblicher Art handelt. Dies gilt nach Auffassung des BMF auch für den neuen § 2b UStG.

Vortragsveranstaltungen
Vorträge und andere Veranstaltungen wissenschaftlicher oder belehrender Art, die von juristischen Personen des öffentlichen Rechts durchgeführt werden, sind

---

[1]Vgl. OFD Karlsruhe Verfügung, S-7208, UR 2009, 357.

von der Umsatzsteuer befreit, sofern die Einnahmen überwiegend zur Deckung der Kosten verwendet werden. Die Einnahmen müssen zu mehr als 50 % zur Deckung der Kosten aufgewendet werden und sollen diese nicht wesentlich übersteigen.[2] Ist diese Voraussetzung nicht erfüllt, kann keine Steuerbefreiung geltend gemacht werden. Körperschaftsteuerlich liegt regelmäßig ein Betrieb gewerblicher Art vor, wenn die Kasse nicht innerhalb ihrer gesetzlichen Zwecke handelt.

Zytostatika
Der BFH ordnete in einem Urteil 2014 Einnahmen aus Zytostatika dem Zweckbetrieb des Krankenhauses und damit dem gemeinnützigen und steuerbefreiten Bereich zu. Da diese Medikamente eng mit der Heilbehandlung verbunden sind, ergibt sich daraus die Steuerfreiheit nach § 4 Nr. 16 Buchst. b UStG. Für Krankenkassen ergibt sich aus diesem Urteil ggf. ein nicht unerheblicher Rückforderungsanspruch gegen die Krankenhausapotheken, diese haben ihrerseits einen Erstattungsanspruch gegen die zuständigen Finanzämter. Aus dieser Thematik folgt allerdings aufgrund der drohenden Verjährung der Ansprüche regelmäßig Handlungsbedarf. Die Forderungen sind nur schwer durchsetzbar und werden zur Zeit von den Sozialgerichten und Landessozialgerichten zu Lasten der Krankenversicherung (mit unzutreffender Begründung) als unbegründet abgewiesen.

---

[2]Vgl. Huschens, in Schwarz/Widmann/Radeisen, UStG, § 4 Nr. 22 UStG Rz. 38.

Was Sie aus diesem *essential* mitnehmen können

- Es besteht Handlungsbedarf im Hinblick auf die Optionsregelung für den neuen § 2b UStG
- Krankenkassen sollten die Besteuerung der Leistungserbringer im Blick behalten
- Krankenkassen sollten ein Tax-Compliance-System aufsetzen
- Krankenkassen unterliegen potenziell der Umsatzsteuer
- Es können, je nach Struktur des betroffenen Bereichs, Steuerbefreiungen eingreifen

© Springer Fachmedien Wiesbaden GmbH, ein Teil von Springer Nature 2018   55
R. Kohlhepp, *Besteuerung gesetzlicher Krankenkassen*, essentials,
https://doi.org/10.1007/978-3-658-22456-1

Literatur

1. Boruttau, GrEStG, 18. Auflage
2. Bürkle, Corporate Compliance als Standard guter Unternehmensführung des Deutschen Corporate Governance Kodex, BB 2007, 1799
3. Freidank/Peemöller, Corporate Governance und interne Revision: Handbuch für die Neuausrichtung des Internal Auditings, 2007
4. Frotscher/Maas, KStG 2010, Stand 27.4.2016
5. Hauschka, Corporate Compliance. Handbuch der Haftungsvermeidung im Unternehmen, 3. Auflage 2016
6. Kirsch, Public Private Partnership: eine empirische Untersuchung der kooperativen Handlungsstrategien in Projekten der Flächenerschließung und Immobilienentwicklung, Schriften zur Immobilienökonomie Bd. 4, 1997
7. Kowallik, Das interne Kontrollsystem für Steuern, DB 2015, 2775
8. Kromer/Pumpler/Henschel, Tax Compliance, BB 2013, 791
9. Mailänder, Compliance in mittelständischen Unternehmen, Business and Law 2009, 22
10. Ringwald, Umsatzbesteuerung von Leistungen der öffentlichen Hand, UR 2015, 1
11. Schmalenbach-Gesellschaft, Compliance: 10 Thesen für die Unternehmenspraxis, DB 2010, 1509
12. Schwarz/Pahlke, AO 2016, Stand: 169. Aktualisierung
13. Schwarz/Widmann/Radeisen, UStG 2016, Stand: 185. Aktualisierung
14. Sölch/ Ringleb, UStG 2016, Stand: 77. Ergänzungslieferung
15. Spengel/Matenaer, Tax Risk Management, Ubg 2011, 803
16. Streck/Mack/Schwedhelm, Tax Compliance, 2. Auflage 2016
17. Wecker/van Laak, Compliance in der Unternehmenspraxis, 2. Auflage 2009, 33
18. Weilbach, GrEStG 2015, Stand: 43. Aktualisierung
19. Wecker/Ohl, Compliance in der Unternehmenspraxis, 2. Auflage 2013

© Springer Fachmedien Wiesbaden GmbH, ein Teil von Springer Nature 2018
R. Kohlhepp, *Besteuerung gesetzlicher Krankenkassen*, essentials,
https://doi.org/10.1007/978-3-658-22456-1

Printed in the United States
By Bookmasters